学校课程变革新取向丛书　杨四耕 主编

参与性变革
指向学习素养的课程开发

袁　超◎主编

华东师范大学出版社
·上海·

图书在版编目(CIP)数据

参与性变革:指向学习素养的课程开发/袁超主编.—上海:华东师范大学出版社,2024
(学校课程变革新取向丛书)
ISBN 978-7-5760-4765-3

Ⅰ.①参… Ⅱ.①袁… Ⅲ.①小学-课程改革-教学研究 Ⅳ.①G622.3

中国国家版本馆 CIP 数据核字(2024)第 097631 号

学校课程变革新取向丛书

参与性变革:指向学习素养的课程开发

丛书主编	杨四耕
主　　编	袁　超
责任编辑	刘　佳
项目编辑	林青荻
特约审读	李　欢
责任校对	陈梦雅　时东明
装帧设计	卢晓红

出版发行	华东师范大学出版社
社　　址	上海市中山北路 3663 号　邮编 200062
网　　址	www.ecnupress.com.cn
电　　话	021-60821666　行政传真 021-62572105
客服电话	021-62865377　门市(邮购)电话 021-62869887
地　　址	上海市中山北路 3663 号华东师范大学校内先锋路口
网　　店	http://hdsdcbs.tmall.com

印　刷　者	上海锦佳印刷有限公司
开　　本	787 毫米×1092 毫米　1/16
印　　张	16.5
字　　数	176 千字
版　　次	2024 年 6 月第 1 版
印　　次	2024 年 6 月第 1 次
书　　号	ISBN 978-7-5760-4765-3
定　　价	54.00 元

出版人　王　焰

(如发现本版图书有印订质量问题,请寄回本社客服中心调换或电话 021-62865537 联系)

编委会

主　编：袁　超

副主编：陈素彬

成　员：程　敏　邓宝嫦　翁蔼葵　张杏平　秦　琴
　　　　唐晓琦　安伟莎　陈晓宁　张　滔　林光荣
　　　　林成滨　曾琰倩

（编委人员不分先后，以学科编排为序）

丛书总序

如何面对复杂的情境脉络和实践场景，是课程研究绕不开的话题。学校课程变革在理念上应具有深刻的文化性，在目标上应具有鲜明的育人性，在内容上应具有鲜活的生成性，在实施上应具有方式的多维性。课程探究需要整合的方法论视角，要合理地解释和说明学校课程变革，实证的因果分析和诠释的人文理解都是不可或缺的。回到课程实践现场，扎根课程变革场景，是课程研究的智慧。

第一，场景的实在性与研究的主位性。学校课程变革场景具有实在性，其实在性是在诸多课程实践因素及其相互关联中实现的。因此，作为课程研究最直接的现场，场景无需进行抽象的本体论还原，研究者便可以进入主位研究状态，便可以从参与者角度去探讨课程实践及其内蕴的理论。所谓主位研究状态，按照人类学家马文·哈里斯的观点[1]，就是以参与者的观念为基础，以课程实践者的描述和分析为标准，检验研究者的主位分析的恰当程度，主要是看研究者的专业意见在什么程度上能让实践者感觉有价值、能推动课程品质的提升。课程研究的目的不是从主位研究转换为客位研究，或是从客位研究转换为主位研究，而是实现这两种研究的互释。

第二，场景的整体性与研究的行动性。学校课程变革场景是特定行动所构成的具体情景，它从时空统一上整合了主体与客体、理论与经验、显性与隐性等要素，并通过它们的有序结构构筑了课程变革场景的整体意义。只有将课程研究放在具体实践场景之中考察，立足过程思维，秉持整体观照，才能凸显课程研究的实践立场。进入了课程所发生的场景，课程研究才有可能真正发生，才能够带来理论与实践共赢的整体效果。课程研究在本质上是一种反思性实践，是主动且持续地审视理论、信念和假设的过程，是对场景的整体性理解和行动性体认，其目的是理解实践、改进实践和提升实践。

第三，场景的情境性与研究的叙事性。学校课程变革场景具有鲜明的情境性，课程探究不能脱离具体的学校情境。为此，施瓦布曾提出旨在实现理论与实践融合的实践课程观，倡导课程开发与具体实践情境相联系。[2] 从研究方法角度来说，叙事研究

---

[1] (美)马文·哈里斯.文化唯物主义[M].张海洋,王曼萍,译.北京:华夏出版社,1989:37.
[2] 史学正,徐来群.施瓦布的课程理论述评[J].外国教育研究,2005(1):68—70.

是直面鲜活的课程变革的一种研究方式。通过叙事研究,课程研究能够摆脱概念体系的束缚,从而走向更具活力、更具情境适应性的方法论领域。任何一项课程研究,如果不能进入特定的课程场景,都是无法揭示课程行动的真实含义的。

第四,场景的问题性与研究的对话性。课程是一个永远都不会完美的存在,这预示着场景是具有问题结构的存在。面对特定场景,课程研究是问题牵引的,是参与性的,是田野的。课程研究必须直面真实问题,既关涉理论,又关涉实践,二者在互动中实现融合。在特定场景中,理论与实践是双向融通的,具有对话属性。

第五,场景的特定性与研究的扎根性。课程探究总是处于具体场景之中的,总是由特定时空所确证的,场景的特定性展现了课程研究的扎根性需求。法国社会学家布迪厄指出:实践与理论的一个重要差别就是实践具有紧迫性,行动者需要"把身体置于一个能够引起与其相关联的感情和思想的总体处境之中,置于身体的一种感应状态之中",迅速做出决策。① 在特定场景中,研究者以置身其中的姿态思考实践、言说实践、参与实践,洞察课程发生的情境与脉络,在课程现场中进行意见分享、经验概括和理论提炼。秉持扎根研究的态度就是要基于对课程实践的理解,建立适用于特定场景的意见或理论,并反哺课程实践本身。

总之,富有实践感的课程探究,在本体论层面,总是将课程研究主客体都视为在以行动事件或经验事实为核心的场景中互动关联的存在;在方法论层面,总是将现象的与意向的、情境的与规律的等说明与解释都整合到特定场景之中,融合各种方法论的优势解决课程实践问题。

"学校课程变革新取向丛书"彰显了这样一个道理:课程研究的重点是深刻理解特定情境和条件下的课程实践本身,而不是理论推导和逻辑演绎。课程研究并不神秘,我们每一个人都是局内人,每一所学校、每一位教师都是课程研究者和创造者。

杨四耕
2023 年 1 月 15 日于上海市教育科学研究院

---

① (法)皮埃尔·布迪厄.实践感[M].蒋梓骅,译.南京:译林出版社,2012:98.

目　录

前言　教师参与课程变革的旨趣　　　1

第一章　领导性：教师参与课程变革的起点　　　1

　　教师参与课程变革需要在落实学科课程目标过程中，积极运用专业知识和专业能力进行专业实践，具有较强的领导性。关注教师课程领导力有助于教师课程能力提升，有助于学科课程品质提升，有助于儿童学习素养发展。赋权，让教师成为课程领导者；增能，让教师成为课程专业者；创生，让教师成为课程受益者；评价，让教师成为课程收获者，这些是提升教师课程领导力的关键所在。

　　　　课程创意1-1　我们的节日　　　4
　　　　课程创意1-2　一只雄鸡　　　9
　　　　课程创意1-3　静享曼陀罗彩绘　　　13
　　　　课程创意1-4　心理教育戏剧　　　17
　　　　课程创意1-5　学习能力闯关　　　22

第二章　自觉性：教师参与课程变革的支点　　　27

　　教师参与课程变革的自觉性，是教师基于课程目的和课程理性认识，实现学科课程的思维转向，形成自我课程信念与准则，自觉将其付之于有效的课程实践行为，并不断将课程实践推向深化的过程。课程自觉，是一种思想、一种行动、一种有密度的文化自觉。教师参与课程变革，需要在整个课程运作过程中发挥课程自觉的核心作用，以课程自觉为支点，撬动课程变革，推动课程建设。

课程创意2-1	儿童诗创作	31
课程创意2-2	汉字的演变	35
课程创意2-3	绘本之家	39
课程创意2-4	看图写话	44
课程创意2-5	唯美阅读	48

第三章 过程性：教师参与课程变革的重点　　53

学科课程理念的确立是思考的过程，学科课程目标的厘定是梳理的过程，学科课程内容的拓展是丰富的过程，学科课程实施的落地是创意的过程，学科课程评价的激活是增值的过程。学科课程理念、目标、内容、实施、评价，体现在新课程的各个维度，贯穿着教师参与课程变革的整个过程。认识到过程性是教师参与课程变革的重点，才能更深入地理解课程变革的必要性和重要性。

课程创意3-1	24点游戏	56
课程创意3-2	魅力数独	60
课程创意3-3	七巧王国	65
智美数学3-4	数字成语故事	70
课程创意3-5	中国数学家	74

第四章　整合性：教师参与课程变革的要点　　　　　　　　79

　　整合是面向学生核心素养发展的课程开发的必然选择。整合性主要体现为课程方案层面的整合、科目层面的整合、课堂层面的整合、评价方式和评价工具的整合。把学习者置于中心位置，通过多学科知识的互动、综合能力的培养，实现以学习为中心的学校课程发展。因此，提升教师参与课程变革的整合性具有十分重要的意义。

　　　课程创意4-1　爱拼才会赢　　　　　　　　　　　　　83
　　　课程创意4-2　国际节日知多少　　　　　　　　　　87
　　　课程创意4-3　英文美文朗诵　　　　　　　　　　　92
　　　课程创意4-4　英语口语角　　　　　　　　　　　　96
　　　课程创意4-5　走进世界名校　　　　　　　　　　　101

第五章　动态性：教师参与课程变革的难点　　　　　　　105

　　教师参与课程变革的过程是动态的。关注教师课程动态性能力的建构，有助于教师课程能力提升，有助于学科课程品质提升，有助于儿童学习素养发展。教师需要通过提高动态信息的吸收能力、内部动态整合能力、外部调试能力、动态信息资源的应用能力，促进教师专业素养的提升。

　　　课程创意5-1　趣唱粤语童谣　　　　　　　　　　　108
　　　课程创意5-2　三度音程合唱　　　　　　　　　　　112
　　　课程创意5-3　身体打击乐　　　　　　　　　　　　116
　　　课程创意5-4　戏剧游戏　　　　　　　　　　　　　120
　　　课程创意5-5　尤克里里课堂　　　　　　　　　　　124

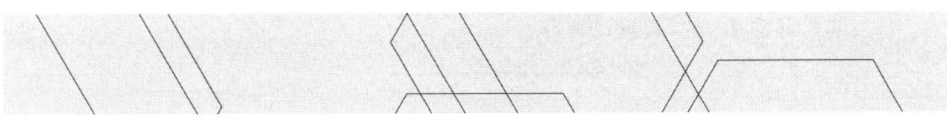

第六章　研究性：教师参与课程变革的亮点　　129

研究性是教师参与课程变革的重要要求,而行动研究是优化课程与改进教学的有效途径。教师在实际教学中需要不断改进与完善相应的问题,采用创新的教学方式与策略,及时处理与解决课程中的问题,学会将研究与行动有效结合,将教学与研究有机地融为一体,以此达到更好的课程实践成效。

　　课程创意6-1　版画奇迹　　132
　　课程创意6-2　工笔国画　　138
　　课程创意6-3　华服设计　　143
　　课程创意6-4　陶情墨趣　　148
　　课程创意6-5　走近民族服饰　　152

第七章　动力性：教师参与课程变革的焦点　　157

教师是参与课程变革的重要主体,激发教师参与课程变革的内在动力是成功实现课程变革的关键因素。学校是教师参与课程变革的主战场,为了提高教师的参与性,学校在绩效奖励、培训制度等方面完善建设,以此来激发教师参与课程变革的动力,维持教师参与课程变革的自觉,强化教师参与课程改革的效能。

　　课程创意7-1　击剑手　　160
　　课程创意7-2　篮球少年　　164
　　课程创意7-3　绳彩飞扬　　169
　　课程创意7-4　田径健将　　173
　　课程创意7-5　足球小将　　178

第八章　整体性：教师参与课程变革的视点　　183

教师在课程变革中扮演着至关重要的角色。教师作为课程变革的主体和关键参与者，需要从整体性的角度把握学科课程理念、目标、框架、实施和评价等方面。教师参与课程变革的意义在于，他们可以不断调整自己的思维方式和方法，从而提高课堂教学质量，为学校课程发展做出贡献。

> 课程创意 8-1　地球之旅　　186
> 课程创意 8-2　我是小小科学家　　190
> 课程创意 8-3　中医药文化　　195

第九章　创造性：教师参与课程变革的沸点　　199

教师参与课程变革的创造性主要表现在：内化课程理念是教师参与课程变革的创造性的前期；确定课程目标是教师参与课程变革的创造性的基础；丰富课程内容是教师参与课程变革的创造性的载体；创意课程实施是教师参与课程变革的创造性的体现。

> 课程创意 9-1　带你玩转 PPT　　202
> 课程创意 9-2　海报设计　　207
> 课程创意 9-3　趣味编程　　212

第十章　合作性：教师参与课程变革的抓点　　217

在课程变革中，教师的合作可以作为抓点来促进课程的变革，具体表现为以下几方面：合作确立学科课程理念、合作梳理学科课程目标、合作建构学科课程框架、合作开发学科课程资源、合作拓展学科课程实施、合作激活学科课程评价。

课程创意10-1　舌尖上的味道	221
课程创意10-2　快乐巧巧手	226
课程创意10-3　手绘彩报	230
课程创意10-4　探索南海神庙	234
课程创意10-5　走进黄埔军校	238

后　记 ……………………………………………………………… 242

前　言

教师参与课程变革的旨趣

广州市黄埔区怡园小学位于广州东部山水相连、港城一体的美丽黄埔，是一所创建于1989年的全日制公办小学。学校于2011年开办怡园小学东校区，2018年开办怡园小学北校区，2018年12月成立广州市黄埔区怡园教育集团。2023学年，全集团有95个教学班，在校师生4000余人。目前"一校三区"实行集团化办学，统一教学管理、统一师资调配、统一课程实施、统一质量标准，资源共享、智慧共生、文化共融、品牌共建。学校于1994年被评为首批广东省一级学校，2013年被评为广州市首批义务教育阶段特色学校。学校先后被评为全国红旗大队、广东省德育示范学校、广东省艺术教育特色学校、广东省中小学校长教师培训基地学校、广东省语言文字规范化示范学校、广东省信息化中心校、广东省绿色学校、广州市安全文明校园、广州市健康学校、广州市体育传统项目学校、广州市书法特色学校、广州市智慧校园实验学校等。

一、课程变革与导向

2022年4月，教育部印发《义务教育课程方案和课程标准（2022年版）》，并在9月秋季学期开始执行。新版的课程方案更加完善了培养目标、优化了课程设置、细化了实施要求，新修订的课程标准改进了课程内容结构、研制了学业质量标准、增强了对教与学的指导。为落实"立德树人"的根本任务，落实"有理想、有本领、有担当"的时代新人培养要求，新课程标准突出强调素养导向，强化课程与生产劳动、社会实践的结合，注重培育学生终身发展和适应社会发展所需要的核心素养，基于核心素养确立课程目标，选择课程内容，研制学业质量标准，推进考试评价改革。准确理解把握新修订的义务教育课程方案和课程标准的新理念、新要求，是我们学校开展课程改革、规划课程实施、推动创新实践的依据和准则。

《义务教育课程方案和课程标准（2022年版）》规定，义务教育课程包括国家课程、地方课程和校本课程三类。以国家课程为主体,奠定共同基础;以地方课程和校本课程为拓展补充,兼顾差异。国家课程由国家教育行政部门统一组织开发、设置;地方课程由省级教育行政部门统筹规划,确定开发主体,充分利用地方特色教育资源;校本课程由学校组织开发,立足学校办学传统和目标,发挥特色教育教学资源优势,以多种课程形态服务学生个性化学习需求。学校依据省级义务教育课程实施办法,立足本校办学理念,分析资源条件,制订学校课程实施方案,注重整体规划,有效实施国家课程,规范开设地方课程,合理开发校本课程。

二、课程理念与追求

怡园小学贯彻新发展理念,落实立德树人核心任务,致力于优质教育品牌拓展,促进学生德、智、体、美、劳全面发展,不断优化"怡养德育、怡乐智育、怡身体育、怡心美育和怡享劳育"课程,强化平安校园、书香校园、智慧校园和生态校园建设,持续推进综合办学水平提升,目标是办成一所名实相符、内外兼修、高质量发展的大湾区优质品牌学校。学校确立"怡文化"办学思想和"怡心怡身·至善至美"办学理念,校训"怡养正气·园育英才",学风"乐学善学·至知至行",教风"乐教善教·至精至诚",以"身心健康、品行端正、才智多元、审美高雅、勤劳乐享"为核心素养,培养具有"黄埔精神、家国情怀、国际视野"的英才少年,让师生在充满爱和智慧的校园里共同成长。

学校课程遵循"怡美教育"哲学,提出"生命如歌·追梦美好"课程理念,构建"如歌式课程"体系,创设"健康园、品行园、才智园、审美园、乐享园"五个课程板块,形成"成美品德、醇美语文、智美数学、卓美英语、韵美音乐、悦美美术、健美体育、创美科学、探美信息、行美实践"十个学科课程群,开发和实施丰富多彩的校本课程,不断丰富儿童学习经历,提升儿童学习素养。

三、课程统整与创生

课程是学校教育的核心载体,学校是课程实施的组织单位。教育部《义务教育课程方案和课程标准(2022年版)》指出,学校在课程开发与建设中,既要理顺国家、地方、学校三级课程管理要求,保证国家和地方课程计划落到实处,又要兼顾学校自身办学理念、特色发展与学生个性化成长需求，以争取更大的课程自主空间。

近几年来，我校在建构课程体系和统整校本课程方面，不断加大力度深化研究。一是注重整体建构，不断完善学校课程体系。学校课程以国家课程为主、地方课程和校本课程为辅，体现课程结构全面性、针对性和多元性。以国家课程作为基础性课程，按规定开齐、开足，同时以各类拓展性课程为学生提供可供选择的学习内容。我们按课程功能分为基础性课程和拓展性课程两大类，基础性课程指学生统一学习的课程内容，重在培养学生的全面素养，拓展性课程指由学生自主选择的学习内容，重在培养学生的兴趣特长。从静态层面来看，课程体系围绕学生核心素养和个性化成长需求形成一个统整多维的"同心圆"结构，第一个同心圆半径囊括国家与地方课程，第二个同心圆半径涵盖所有的校本化课程，第三个同心圆半径指代学生课余及校外一切学习资源，向生活、社会以及网络无限延伸，所有可供选择利用的学习资源其实都可以纳入课程范畴。

二是注重动态创生，促进学校课程优化。学校课程建设需要稳步推进，但并不始终处于静态，而是一个不断创生、整合、优化、改进的动态进程。在这个动态进程中，课程建设始终要指向学校办学理念，聚焦学生核心素养，并扎实立足于课堂教学主阵地。从动态层面来看，学校课程体系好比是一个不断上升的"螺旋体"，学生成长的核心素养与个性化需求是课程拓展整合的轴心，学校办学理念是课程开发与实施的向心，课堂教学及研究则是课程能够立体建构的重心。课改的重心在课堂，要关注课堂教学研究，促进课程优化实施，要以建构师生共同价值取向的课堂文化作保障。

四、课程目标与图景

怡园小学"如歌式课程"遵循"怡美教育"哲学和"生命如歌·追梦美好"理念，关注儿童生命成长的需求，唤醒儿童自我成长的动力，追寻生命成长中真善美的体验。我们坚信：生命如歌，每一颗心都激情澎湃；追梦美好，每一个梦都缤纷五彩；怡心怡身，每一双眼都传递真爱；至善至美，每一份情都初心不改。我们主张：课程即美好生活，在生活中丰富体验、感悟美好；课程即快乐分享，在分享中学会学习、收获快乐；课程即生命追寻，在追寻中开启智慧、提升生命；课程即内在生长，在成长中磨炼品性、激发潜能。

我校以立德树人为核心任务,提出育人目标——培养具有"黄埔精神、家国情怀、国际视野"的英才少年,并提出以"身心健康、品行端正、才智多元、审美高雅、勤劳乐享"五个核心素养来促成育人目标有效落地。"如歌式课程"对应着育人目标和核心素养,体现为德、智、体、美、劳"五育并举":怡养德育、怡乐智育、怡身体育、怡心美育和怡享劳育。课程目标表述为五个维度:怡德——善礼仪、乐进取、养品行;怡智——善积累、乐学习、养智慧;怡身——善交往、乐运动、养身心;怡美——善才艺、乐创造、养志趣;怡享——善实践、乐分享、养习惯。我们进而将课程目标的五个维度对应为"五园图景",提出"健康园、品行园、才智园、审美园、乐享园"五大课程板块,逐步形成以国家课程为主体的基础性课程和以校本课程为特色的拓展性课程。

我们同步建设"怡美学科",开展学科课程研究。在贯彻国家课程为基础性课程的前提下,积极开发校本特色的学科拓展性课程,以促进国家课程优化实施,促进学生个性化发展。我校在"怡美学科"建设中,结合育人目标和课程目标在学科课程中的实施,逐步创生形成"成美品德、醇美语文、智美数学、卓美英语、韵美音乐、悦美美术、健美体育、创美科学、探美信息、行美实践"十个学科课程群。各学科课程群紧扣学科核心素养和学生关键能力,制定学科课程目标,按低、中、高年段或分年级建立课程图谱,精心组织研发校本课程。每个学科重点推出五到八门课程,各学科统合起来,形成丰富多彩的校本课程门类。我们组织教师撰写课程纲要,每门课程使用相对统一的模版,包含课程名称、概述、理念、目标、内容、实施与评价等。

五、课程结构与内容

怡园小学"如歌式课程"依照校本课程统整与创生原则,聚焦培育学生核心素养和关键能力,以"怡美教育"为核心呈现为同心圆结构。五个核心素养对应"健康园、品行园、才智园、审美园、乐享园"五个课程板块,五个课程板块辐射对应"成美品德、醇美语文、智美数学、卓美英语、韵美音乐、悦美美术、健美体育、创美科学、探美信息、行美实践"十个学科课程群,各学科课程群又有国家基础性课程与若干门校本拓展性课程相支撑。

(1)"成美品德"课程群。在国家课程道德与法治的基础上,我们的校本课程创意有"我们的节日""一只雄鸡""静享曼陀罗彩绘""心理教育戏剧""学习能力闯关"等。

（2）"醇美语文"课程群。在国家课程语文的基础上，我们的校本课程创意有"儿童诗创作""汉字的演变""绘本之家""看图写话""课本剧表演""唯美阅读""作文描写的奥秘""走进寓言故事"等。

（3）"智美数学"课程群。在国家课程数学的基础上，我们的校本课程创意有"24点游戏""决战华容道""魅力数独""七巧王国""数字成语故事""中国数学家"等。

（4）"卓美英语"课程群。在国家课程英语的基础上，我们的校本课程创意有"爱拼才会赢""国际节日知多少""品美食探世界""英语歌曲赏析""英文美文朗诵""英文小说趣读""英语电影配音""英语口语角""英语寓言故事""走进世界名校"等。

（5）"韵美音乐"课程群。在国家课程音乐的基础上，我们的校本课程创意有"管乐合奏""趣唱粤语童谣""三度音程合唱""身体打击乐""戏剧游戏""形体舞蹈""尤克里里课堂"等。

（6）"悦美美术"课程群。在国家课程美术的基础上，我们的校本课程创意有"版画奇迹""工笔国画""华服设计""陶情趣墨""走近民族服饰"等。

（7）"健美体育"课程群。在国家课程体育的基础上，我们的校本课程创意有"击剑手""篮球少年""绳彩飞扬""田径健将""武动太极""足球小将"等。

（8）"创美科学"课程群。在国家课程科学的基础上，我们的校本课程创意有"地球之旅""我是小小科学家""中医药文化"等。

（9）"探美信息"课程群。在国家课程信息技术的基础上，我们的校本课程创意有"带你玩转PPT""海报设计""趣味编程"等。

（10）"行美实践"课程群。在国家课程综合实践活动的基础上，我们的校本课程创意有"舌尖上的味道""快乐巧巧手""旅游景点分享""手绘彩报""探索南海神庙""田园乐""走进黄埔军校"等。

六、课程实施与评价

在开齐开足国家课程，促进国家课程有效实施的过程中，怡园小学"如歌式课程"遵循"国家课程校本化—校本课程特色化—特色课程常态化—常态课程品质化"的基本路径，结合"成美品德、醇美语文、智美数学、卓美英语、韵美音乐、悦美美术、健美体育、创美科学、探美信息、行美实践"十个学科课程群建设，开发与学生内在发展与个性需求相一致的丰富多彩、广受欢迎的校本课程，体现为学科拓展、兴趣爱好、实践体验、主题聚焦、节庆礼仪等多个模块。我校夯实"怡美课堂"，推进学科基础课程的实施；建设"怡美学科"，推进学科拓展课程的实施；创建"怡美节日"，推进节庆文化课程的实施；创建"怡美社团"，推进社团活动课程的实施；丰富"怡美文化"，推进仪式教育课程的实施；聚焦"怡美专题"，推进主题教育课程的实施；建设"怡创空间"，推进创客教育课程的实施。我们在推动课程实施中，不断拓展课程实施渠道、优化课程实施品质，不断丰富儿童学习经历、提升儿童学习素养。

我校倡导"乐学善学·至知至行"学风，强化"以学定教·教学相长"理念，主张课堂教学要充分体现学生主体，切实关注学生和关注学生的"学"。在课程评价和课堂文化方面注重着力凸显如下"五个维度"。一是"学而知"。注重知识目标的达成，打牢扎实的学习基础。课堂上该掌握的知识点，该养成的基本功，该过关的训练，要努力落到实处，一课一得，学有所得。二是"学而思"。注重思维能力的训练和思维品质的培养，包括发展学科思维和创新思维，包含学会提出问题和解决问题。思维是学习素养的核心，只有学思结合，才是真学会学。三是"学而述"。注重表达和分享交流，养成良好的表达和演讲能力。大方、自信地表达，乐于分享、交流，锻炼一副好口才，能够即兴演讲，还有良好的书写、写作能力，这些都是现代人才不可或缺的素养，也是我们在课堂上要着力加强的训练。四是"学而行"。注重方法和能力的迁移运用，知行合一，学以致用。从知识变为能力，从习得学会运用，从书本面向生活，从课内延伸课外。五是"学而乐"。注重快乐的课堂体验，增加学习乐趣和成就感。享受学习，乐在其中，积极向上，乐于进取。正如孔子所说："知之者不如好之者，好之者不如乐之者。"

"生命如歌，追梦美好！"我校"如歌式课程"致力于丰富儿童学习经历，提升儿童学习素养，旨在追寻生命的美好，成就缤纷的梦想，向着"怡心怡身·至善至美"的境界，我们将义无反顾砥砺前行，孜孜以求不懈探索。

广州市黄埔区怡园小学校长　袁超

2023年10月

第一章
领导性：教师参与课程变革的起点

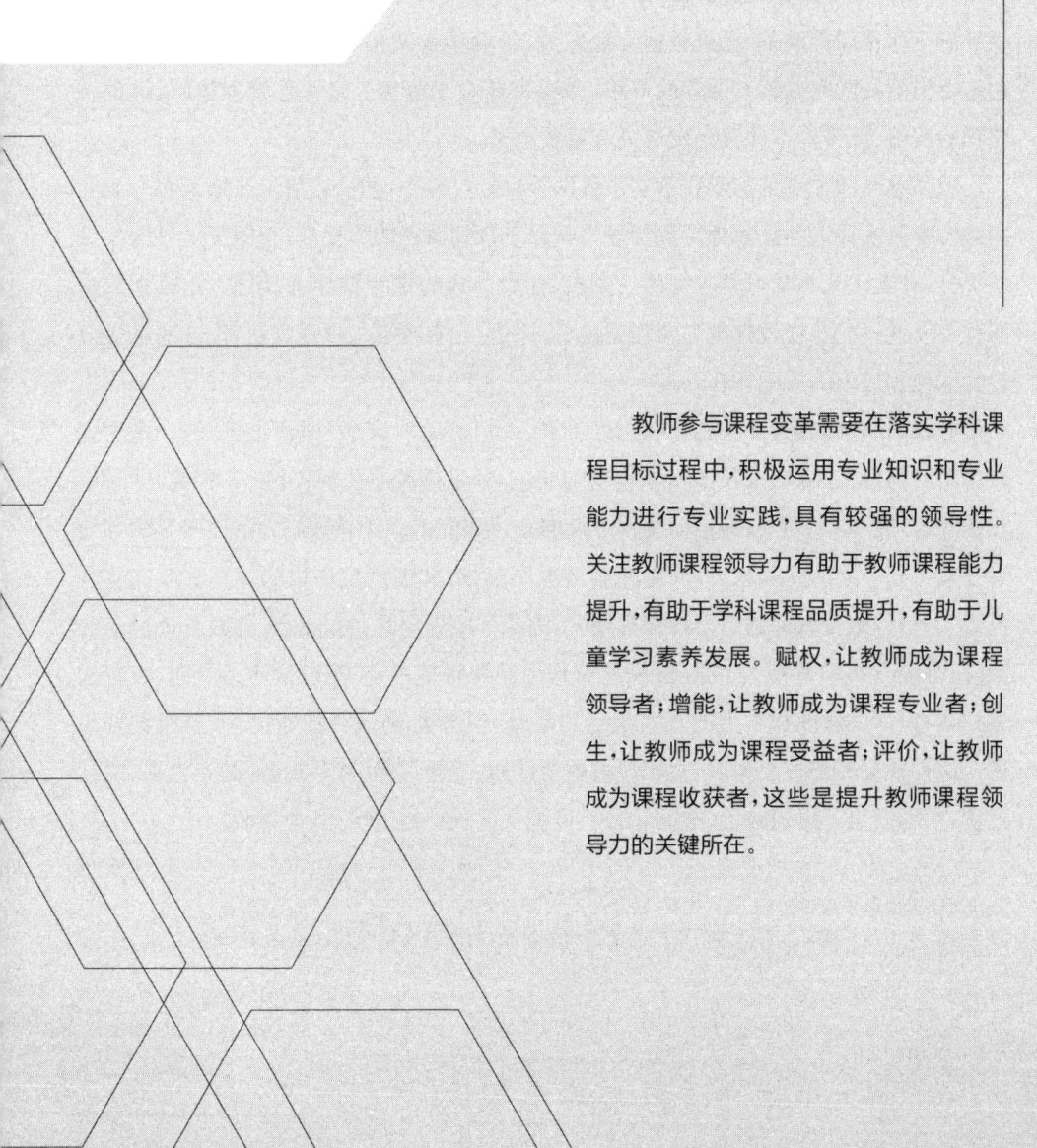

教师参与课程变革需要在落实学科课程目标过程中，积极运用专业知识和专业能力进行专业实践，具有较强的领导性。关注教师课程领导力有助于教师课程能力提升，有助于学科课程品质提升，有助于儿童学习素养发展。赋权，让教师成为课程领导者；增能，让教师成为课程专业者；创生，让教师成为课程受益者；评价，让教师成为课程收获者，这些是提升教师课程领导力的关键所在。

学校课程领导是在学校情境下,课程领导者影响教师参与课程发展的过程。通过这一过程,激发教师参与课程变革的动机,提升教师参与变革的能力,促成学校民主、和谐、开放的教学文化,达到促进学校课程发展和提升学生学习成效的目的。[①] 课程领导对于深化课程改革、促进教师专业发展、培育学校文化等均具有积极的意义。特别是在当前我国基础教育课程改革中,课程领导对于落实三级课程管理体制、推进新课程的实施、促进校本课程开发等具有重要意义。

教师参与课程变革需要在落实学科课程目标过程中,积极运用专业知识和专业能力进行专业实践。关注教师课程领导力有助于教师课程能力提升,有助于学科课程品质提升,有助于儿童学习素养发展。赋权,让教师成为课程领导者;增能,让教师成为课程专业者;创生,让教师成为课程受益者;评价,让教师成为课程收获者,这些是提升教师课程领导力的关键所在。

赋权,让教师成为课程领导者。近年来,人们有关对教师"课程角色"的一系列探讨均表明:教师在课程改革中扮演重要的角色,并发挥着主要的作用。[②] 因此,学校应相信教师,提升和培养教师推动课程改革的意识和能力。让教师成为课程变革的参与者并赋予其一定的课程权力,使之拥有自主决策权,能够确定课程的操作程序和实践范式。另外,赋权教师确定学科课程理念,为课程实施定调。根据《义务教育道德与法治课程标准(2022年版)》,"成美品德"课程遵循课程基本定位,以素养为导向,以育人为根本,以社会发展和学生的真实生活为基础,引导儿童向着美好生长、养成美好品德。课程要培养的核心素养,主要包括政治认同、道德修养、法治观念、健全人格、责任意识,内容涵盖了思想政治、道德、法治、传统文化、革命传统等各个方面。

---

① 王利.学校课程领导研究[D].兰州:西北师范大学,2007.
② 陈菊.教师参与课程变革管窥[J].广西师范大学学报(哲学社会科学版),2003(4):85—89.

增能,让教师成为课程专业者。新一轮课程改革赋予了教师更多参与课程的权力,相对于以往教师作为"课程执行者"的角色而言,无疑是一个更大的挑战。学校为教师参与课堂改革提供必要的技术支持以及系统的培训指导,才能促进教师的专业发展,使之更好地建构起课程目标体系。贯彻一体化课程设置理念,"成美品德"课程围绕学生健康成长,从"家庭生活""学校生活""社区生活""伟大祖国""走向世界"五个维度进行课程设计开发,引导学生融入丰富完整的道德生活,形成一个循序渐进的课程系统。

创生,让教师成为课程受益者。创生课程运作模式就是要求教师创造性地对课程目标、课程内容、课程资源等涉及课程运作方面的相关要素进行独特的创生,在操作层面形成有效的课程实践模式。[①] 教师发挥主观能动性,自主打磨课程的结构与内容,关注课程实施的效果,不仅优化了课程的价值效能,还逐步提升了教师的课程实践基础与专业素养,使其自身在过程中受益。基于培养学生核心素养的要求,道德与法治课程选取与儿童的生活经验、社会要求紧密相关的内容,注重儿童的生活经验、社会要求和学科体系之间的内在关联,组织综合性的课程内容。为推动道德与法治课程立足核心素养,发挥育人价值,"成美品德"课程通过"1+X"课程群建设不断拓展优化,持续进行着有益探索。

评价,让教师成为课程收获者。学校整体课程规划要特别关注课程评价方式的多维运用,尤其要运用多种评价创意在实践层面关注对学生、对教师以及对课程本身的评价[②]。有效的课程评价有助于教师自我反思,更好地指导下一步的课程实践,让教师有所收获。例如,"成美品德"课程群在国家课程道德与法治的基础上,与心理健康课程结合,注重提高学生的心理素质,开发学生心理潜能,我们的校本课程创意有"我们的节日""一只雄鸡""静享曼陀罗彩绘""心理教育戏剧""学习能力闯关"等,每项课程均设计了系统的评价方式。

总之,以推动教师课程领导力的提升作为教师参与课程变革的起点,通过赋权、增能、创生、评价四个维度作为教师参与课程变革的路径,有助于提升教师课程能力,有助于提升学科课程品质,有助于更好地促进儿童学习素养发展。

(执笔:程敏 邓宝嫦)

---

① 李欢,范蔚.论教师课程自觉的内涵、阶段与路径[J].当代教育科学,2013(5):27—29.
② 杨四耕.学校课程评价的18种创意[J].中小学教育(人大复印资料),2019(4):56—58.

课程创意 1-1 我们的节日

适合对象：一至六年级

一、课程概述

中华文化源远流长，积淀着中华民族最深层的精神追求，代表着中华民族独特的精神标识，为中华民族生生不息、发展壮大提供了丰厚滋养。"十四五"规划和2035年远景目标纲要提出，传承中华优秀传统文化，深入实施中华优秀传统文化传承发展工程。推动中华优秀文化进课本、进课堂、进校园是一个重要途径。教育部印发《中华优秀传统文化进中小学课程教材指南》和《中小学德育工作指南》，鼓励和支持各学校结合区域特点，分学段、分年级开展中小学传统文化主题活动，特别是在传统节日和节气，潜移默化地组织开展传统文化教育活动。在一些传统节日和纪念日，如春节、元宵、清明、端午、中秋、重阳等，开展介绍节日历史渊源、精神内涵、文化习俗等校园文化活动，增强传统节日的体验感和文化感。我校确定以此作为我校德育特色活动，开展"我们的节日"（传统节日）系列活动，传承和弘扬中华优秀传统文化。

本课程的理念是"弘扬优秀传统文化，过好我们的中国节"。传统节日积淀着深厚的文化传统，在学校里，学生认识、了解、体验我国优秀传统节日文化，在积极参与中体验节日习俗、增进文化自信、展现中国力量，发扬和践行爱国主义精神，凝聚迈进新征程、奋进新时代的精神力量。

二、课程目标

1. 通过开展丰富多彩的传统节日教育活动，学生能掌握传统节日的有关知识，如传统节日的由来、习俗、相关的诗词歌赋等内容。

2. 在节日仪式和节日活动中体验传统节日的魅力，提高沟通与交流、理解与规划等能力，提高学生的文化素质和道德修养。

3. 利用传统节日，挖掘其深厚的人文资源，以润物无声的方式让这些优秀的文化资源深深地扎根在孩子们的心中,培养学生对传统文化的感情,提高学生民族自豪感和文化自信心,激发学生的爱国之情。

三、课程内容

传统节日内涵丰富,但每个节日所蕴含的文化内涵、价值观念以及道德规范等存在很大不同。因此针对不同的节日内涵,按照每年的时令节气,"过"相应的节日,让学生在活动中内化传统节日所蕴含的文化元素和精神营养,推动我校"弘扬中华优秀传统文化,过好我们的中国节"系列活动的深入开展。

模块1:"我们的节日——春节(元宵节)"主题活动

"春节"和"元宵节"凝聚着中华民族的生命追求和情感寄托,承载着中国人的家庭伦理和社会伦理观念,我们主要突出"红红火火过大年"的节日氛围,突出辞旧迎新、平安幸福的主题。此节日活动恰逢寒假和春季开学期间,需要学生在假期里准备好与春节相关的"雏鹰"实践作品——或是象征喜庆和吉祥的风车,或是象征团圆美满的风车,又或是寄托着自己美好祝愿的DIY红包。返校后和老师同学交换祝福,并用春联、剪纸等喜庆元素装饰班级。

元宵节期间会组织游园活动,在各班班干部的带领下,学生需要发挥自主能动性,思考本班应在游园活动中设置何种摊位,摊位中应有什么活动和奖励才能吸引"游客"。游园活动当天,学生身着华服参加游园活动,猜灯谜、投壶、剪纸、纸扇上作诗画,欣赏民乐、吟诵节目,在"穿越"中体会传统节日的乐趣。学生在一系列的春节、元宵习俗活动中感受美好,激发热爱生活、奋发向上的热情。

模块2:"我们的节日——清明节"主题活动

"清明节"是一个纪念先祖及离世亲人的节日,主要纪念仪式是扫墓,并伴有踏青、植树等活动,节日活动突出纪念先人、缅怀先烈的主题,引导学生正确认识和理解中华民族优良传统和革命传统,珍惜幸福生活。

学校利用国旗下讲话介绍该节日和宣布与清明节有关的系列活动,利用学校电子屏反复播放英烈的事迹。活动需要三、四年级学生提前了解清明节的习俗和英烈故事,提前做好课件、手抄报、纸白花等可向他人进行宣讲的内容,利用课程在班级里互相介绍。条件不允许外出的情况下,利用信息技术课时间,登录中国文明网进行网上祭英烈,向英烈们献花;条件允许外出的情况下,大队部组织学生到广州起义烈士陵园进行清明祭英烈活动,缅怀革命先烈的丰功伟绩,寄托对革命先烈的无限哀思。

模块3:"我们的节日——端午节"主题活动

"端午节"的由来以纪念屈原之说影响最广。每逢五月,学校利用半个月时间开展端午节系列活动,充分挖掘端午节的深厚文化内涵。诗人屈原胸怀祖国、心忧天下、至死不渝的爱国情怀,激励着一代又一代中华儿女。学生在课程中了解赛龙舟、包粽子、悬白艾、挂菖蒲、喝雄黄酒等习俗,掌握包粽子和制作香包等技能,围绕人与自然和谐共处这个主题,增强学生的爱国情感。

模块4:"我们的节日——中秋节"主题活动

"中秋节"要突出团结、团圆、庆丰收的主题,借助"团圆",让学生感受亲情、感恩。活动内容主要包括:(1)召集班委讨论、决定活动程序,构思主题、内容;(2)排练朗诵、合唱、民谣等节目;(3)学生查找有关中秋的信息,讲述中秋的由来、食俗;(4)讲述身边有关中秋的传说故事等。通过这些活动,让学生在增进文化认同中坚定文化自信。

模块5:"我们的节日——重阳节"主题活动

"重阳节"是一个尊老、敬老、爱老、助老的节日,要突出敬老孝亲的主题,大力弘扬尊老敬老的传统美德,增强全社会敬老、爱老、助老的意识。学生可以出游赏景、登高远眺、观赏菊花或者了解遍插茱萸、吃重阳糕、饮菊花酒等习俗。

该课程可与语文课程相结合,进行"重阳赛诗会"活动,或与道法、综合实践课程相结合,关心和帮助爷爷奶奶,到养老院进行慰问实践活动。在模拟、体验实践活动中,弘扬孝道,唤起责任意识。

在每个传统节日课程的最后,都是一场庆典式的学习成果汇报。学生不仅要分享学习成果,还要分享学习过程,尤其要分享在学习中遇到困难是如何克服的,不仅分享如何"做",还要分享如何"想"。汇报可以是班级内的成果展示,也可以是年级内或是校内成果展示。此外,学校会在对应的二十四节气当天,利用红领巾广播站等多种形式播放该节气的相关介绍、歌曲等。

四、课程实施

本课程实施之前教师需准备:确定课程内容,做好PPT课件,准备课堂视频和相关图片、实物等。

（一）资料搜集整理法

传统节日课程需要学生阅读有关报纸、杂志、图书，上网查询相关节日资料，从中获取所需的信息，完成资料整理。

（二）视频教学法

例如，结合清明节和端午节的课程内容，采用录像、电影等视频教材，使学生在视觉、听觉上形成多方位的"感受"，引发学生分析、思考。选择10分钟以内的视频，明确重点或让学生带着问题看视频。

（三）体验式教学法

例如，在春节、元宵节等传统节日课程活动中，创设的情境就是要使学生感到轻松愉快、心平气和、耳目一新，促进学生心理活动的展开和深入进行。教学过程既是师生信息的交流过程，也是师生情感的交流过程。教师指导学生如何活动，重视引导学生参与度、关注学生体验的情绪。学生及时向教师反馈遇到的问题和困难。

（四）制作分享法

例如，在端午、中秋课程活动中，学生学会包粽子、制作香包、做月饼等传统手艺，分享制作方法或美食。

（五）实地探究教学法

例如，以班级的小组为单位，开展清明节烈士陵园实地探究活动和重阳节养老院慰问活动，邀请校外辅导员共同参与，实地感受传统文化的影响，用实际行动继承优良的传统。

五、课程评价

传统节日主题课程评价，需要根据该课程的特点，开展指向改进和发展的激励性评价活动。

汇报展示的学习成果只是评价中的一部分，更多的评价在学习过程中。

（一）过程性评价

学生在学习过程中的参与度、积极性及计划执行情况，都有自评和小组互评、教师评、家长评，五颗星为满星(表1-1)。

表1-1

过程性评价				
	自评	小组评	教师评	家长评
参与度				
积极性				
计划执行情况				

(二) 汇报展示评价

制定成果汇报方案。每个小组制定自己的汇报方案,绘制时间轴,装订属于自己的学习手册。具体评价内容见表1-2。

表1-2

汇报展示评价	
评价内容	他评
1. PPT陈述内容真实丰富,富有条理;能够围绕该节日开展的重点活动讲,有创新、有特色、有成效	
2. 陈述过程科学合理,图文并茂,情景交融,并在规定时间内完成陈述,分享小组学习过程,在学习中遇到困难是如何克服的,分享小组的"做"和"想",有实物展示可适当加分	
3. 小组成员衣着整洁,仪表端庄,发言人思路清晰,语言畅达,谈吐文雅,精神饱满,富有感染力	

该课程结束后,各小组、各班级、年级、学校召开课程反思总结会。

(撰稿人:周子雯 林少群)

课程创意 1-2　一只雄鸡

适合对象：三年级

一、课程概述

《义务教育品德与社会课程标准(2011版)》指出，"小学品德与社会课程旨在培养学生的良好品德，促进学生的社会性发展，为学生认识社会、参与社会、适应社会，成为具有爱心、责任心、良好的行为习惯和个性品质的公民奠定基础"。2017年，我校确定了新的培养目标：把学生培养成为具有黄埔精神、家国情怀、国际视野的"怡美少年"。根据课程标准及培养目标的要求，在"热爱祖国，珍视祖国的历史与文化，具有中华民族的归属感和自豪感"的课程目标基础上，我们设计了本课程，目的是让儿童充分了解祖国，激发爱国主义。

本课程的理念是"览中国之博大，悟文化之精深"。该课程立足学生的实际生活，引领该年段学生通过认识伟大祖国的建立与统一，了解各省的名人、文化、美食等内容，激发学生爱国情感，形成民族认同感和文化自信，从而培养学生的国家主人翁意识和责任感。

二、课程目标

1. 感受祖国的辽阔和文化的多样性，体会祖国的伟大和家乡的可爱，从而产生积极的情感——爱国之情，学生能培养自身的国家主人翁意识和责任感。

2. 尊重祖国文化多样性，在学习过程中逐渐培养自身信息搜集能力和提高小组合作探究能力，通过实践活动，逐步提升学生的动手能力。

3. 学生初步认识祖国领土的辽阔，了解名人、美食和旅游文化，对伟大的祖国的历史与文化形成初步的认知。

三、课程内容

本课程目标是通过认识伟大祖国的建立与统一,了解名人、美食、景区,激发小学生热爱祖国的感情,提高民族认同感和文化自信。

模块1:认识"一只雄鸡"(1课时)

认识中国行政区划图,了解省级行政区划。省级行政区包括23个省、5个自治区、4个直辖市、2个特别行政区,合计34个省级行政区。

模块2:走近开国元帅——名人篇(5课时)

认识开国十大元帅:朱德、彭德怀、林彪、刘伯承、贺龙、陈毅、罗荣桓、徐向前、聂荣臻、叶剑英。

模块3:舌尖上的中国——美食篇(2课时)

认识中国八大菜系。

中国有八大菜系,分别是川菜、粤菜、鲁菜、闽菜、苏菜、湘菜、浙菜、徽菜。它们都是经过长期演变后自成体系,具有鲜明的地方色彩。

模块4:带你走四方——旅游篇(4课时)

了解第五版人民币上的六大景区。

100元:人民大会堂。人民大会堂位于北京天安门广场的西侧,外观看上去非常壮观,富有民族特色。

50元:布达拉宫。布达拉宫位于西藏的拉萨市,是集宫殿、城堡和寺院于一体的伟大建筑,布达拉宫广场也是世界上海拔最高的城市广场。它不仅是全国重点文物保护单位,还被列入了世界文化遗产。

20元:桂林山水。桂林山水一直以来都是中国山水的代表,享有"桂林山水甲天下"的美誉。

10元:长江三峡。长江三峡悬崖绝壁,风光绝美,闻名景点有丰都鬼城、瞿塘峡、三峡工程等。

5元:泰山。泰山是五岳之首,有着"天下第一山"的美誉。

1元:杭州西湖。杭州西湖享有"上有天堂,下有苏杭"美称,这里的主要景点有断桥、雷峰塔、苏堤等。

四、课程实施

（一）知识竞答活动

谜语竞猜，认识祖国。教师先设计一个谜语让学生猜，引出"世界地图中，像一只雄鸡形状的中国版图"，接着用多媒体展示有关祖国的知识竞答题，激发学生的学习兴趣。

（二）资料搜集法

学生搜集第五版人民币上的六大景区资料以及家乡代表人物、文化、美食、旅游攻略等相关资料，从生活出发，从家乡出发，去了解我们可爱的祖国。

（三）多媒体教学法

1. 赏风光赞古迹，感受祖国的美丽。通过老师和学生在游戏中的合作，学生重点了解人民币上的景点，并通过图片、视频的展示了解祖国美丽的风景和富有特色的建筑，拓宽学生的知识面。学生通过观看纪录片《舌尖上的中国》感受中华美食文化。

2. 小眼睛看大中国，感受祖国的伟大。教师创设情境，深入浅出地讲解。播放关于新中国十大元帅的视频、毛泽东在天安门城楼宣布中华人民共和国成立的纪录片。

（四）小组合作法

在本课程的教学中，教师组织小组进行合作学习。比如在汇报时，教师先让每个小组的学生进行汇报，然后进行全班学生的互动交流。

（五）课外实践活动法

倡导实际行动，开展"地方美食我会做"挑战打卡。学生在家制作一道带有地方特色的美食，录制烹饪教程进行分享，并开展"美食分享会"，在实践中、在日常中感受祖国的美食文化，从而提升爱国情感。

五、课程评价

本课程遵守评价的激励性、过程性原则，重视对学生的合作探究、语言表达、动手实践的培养，设置了多种评价方式。

(一) 过程性评价

学生填写评价表(表1-3),放入"个人成长档案"。

表1-3

我真棒:☆☆☆　我还行:☆☆　我要加油:☆

评分内容	评价标准	得分
课程态度	我对课程内容有浓厚的兴趣。	
	我能积极地参与课堂活动。	
合作精神	小组成员能明确自己的分工,合作完成学习任务。	
	遇到困难时,我会主动与小组同学讨论解决。	
学习能力	我会用不同的方法收集、整理资料。	
	我会及时发现问题,并在下次活动中尝试积极解决。	

(二) 展示性评价

学生小组合作,课堂上展示收集的第五版人民币上的六大景区以及自己家乡的相关资料,小组互评(表1-4)。

表1-4

评分内容	具体要求	得分
主题内容(10分)	主题鲜明,内容丰富有趣。	
语言表达(10分)	要求脱稿,普通话标准,表达流畅;动作恰当,声音响亮,语速适当。	

(三) 点赞性评价

课外开展"地方美食我会做"挑战活动,学生在家制作特色美食,录制视频收集点赞截图,在班级开展"美食分享会"。

(撰稿人:程敏　张杏平　蔡友娥　张凯奇　何姗姗　赖安琪)

课程创意 1-3　静享曼陀罗彩绘

适合对象：四至六年级

一、课程概述

曼陀罗彩绘课程是心理健康教育课程的重要补充内容和形式。《中小学心理健康教育指导纲要（2012年修订）》中提出了小学生阶段不同年级的具体教育内容，可概括为：促使学生认识自己的心理，实现对自己的心理"认知"，"陶冶"心理品质、"开发"心理潜能。而四至六年级的学生是身心迅速发展的时期，他们不能很好地察觉、理解情绪的波动和自我意识的变化，不能很好地发挥自身潜能。曼陀罗彩绘作为一种艺术性的表达，在绘画过程中，投射内心想法和感受，学生在给曼陀罗轮廓涂色时，可以借此表达自己的情绪，遵循自己的内心感受，拿起不同颜色的画笔，自由涂色。笔尖在纸上涂抹的时刻，内心的焦虑、紧张会随着笔尖自由流淌出来。所以，学生在创作伊始便开启了调和情绪、转化心灵、整合自我、完善人格的自我成长，进而达到提升心理健康水平的效果。

本课程的理念是"运用绘画疗法进入真实的心灵世界，架起意识与无意识之间的桥梁，最终完成自我疗愈与成长"。

二、课程目标

1. 激发学生对曼陀罗彩绘课程的兴趣，达到表达和宣泄情绪、建立规则感并实现自我整合的目的。
2. 实现创作过程中关注当下的自己进而提升专注力。
3. 发现自己与他人的不同，重视自己的独特性，发挥自己的特长，探索生命潜能。

三、课程内容

曼陀罗彩绘是在大圆中用意象的形式来表达内心世界的过程。课程内容基于学生心理结构,由浅入深、循序渐进。第一种是给出曼陀罗图形轮廓,学生选择彩色笔,为图形填色;第二种是隐去曼陀罗图形轮廓,学生自己绘制曼陀罗图形,自由选择着色。基于小学生的身心特点,课程大多采用第一种内容形式开展。

模块1:彩绘曼陀罗图形轮廓(10课时)

本阶段给定图形以对称、重复、中心明确的结构作为特点。具体包含以下四个篇章。

1. 情绪表达篇。经过课堂导入活动后,引导学生进行曼陀罗绘画。要求学生选择彩笔着色,在曼陀罗作品中表达自己的情绪状态。着色完成后,教师可请自愿分享的学生展示作品,展现潜意识中压抑的情绪,从而正视情绪、处理情绪。

2. 建立规则篇。规定从曼陀罗图形轮廓中心开始向图案四周外部扩展着色,或者从图案四周外部逐渐向曼陀罗图形轮廓中心着色。感悟物质世界是有一定的规则约束的。引导学生发现自己曼陀罗绘画作品中的相同之处,感悟内心世界也潜在地遵循着一定的规则。多次练习曼陀罗绘画并反思,达到内心世界与物质世界的联通,自我和谐程度提高,使得心理健康水平得到提升。

3. 自我整合篇。学生在静心选择着色的过程中,规则对称的图形可以给予一种稳定性和安全感。在涂色的过程中能够不断地使内心的冲突和意识的混乱得到梳理和平复。多次练习可以整合自我,找回统一感和稳定感,显现出自性。

4. 发挥潜能篇。以随机座位的组为单位,每组发放一张大的曼陀罗图案纸。在制作的过程中,学生会有不同的分工,每个人负责曼陀罗图形的一部分。要求组内学生齐心协力完成曼陀罗图形涂色,组内成员可以相互讨论。在结伴绘制曼陀罗图案的过程中,发现自己与他人的不同,重视自己的独特性,发挥自己的特长与潜能。

模块2:绘制曼陀罗图形(3课时)

本阶段给定图形仅限于曼陀罗大圆轮廓。具体包含以下三个篇章。

1. 自我镜像篇。学生把曼陀罗大圆看成一面神奇的镜子,冥想镜子中所显现的自我意象,然后把所见的形象画在大圆中并进行着色,以此了解自我认知状态。

2. 全家福篇。学生想象家人在拍全家福时的画面(不是写实或临摹),然后在曼陀罗大圆中绘制(场景、人员、成员位置)并进行着色,以此了解家庭原动力状态以及家庭成员间的关系。

3. 自发篇。在不设定主题的情况下,学生自由地在曼陀罗大圆中表达内心此时此刻所感所思的绘画,可以是涂鸦,也可以是具体意象,从而探索内心渴望,了解自己的生命潜能,看到一个从未看到过的真实的自己。

模块3:课程感悟与分享(1课时)

通过前期13个课时的彩绘体验,学生分享自己印象深刻的作品、过程及感受、见证了自己哪些方面的变化,并对整个课程做出评价。

四、课程实施

为了更好地发挥曼陀罗彩绘课程的功能,需要明确本课程不同于美术作品涂色,无论是哪个篇章都要求学生关注内心当下真实心境。内容模块遵循自愿、启发、开放、信任、协调原则。课程共计14个课时。

课程实施前需准备两个模块的曼陀罗轮廓图形、背景音乐、彩笔。具体实施过程如下。

(一)准备——启动阶段

准备参与曼陀罗彩绘课程所需要的材料。

根据学年段学生的身心特点,选择适合的曼陀罗轮廓图形,用简单导语或故事启动。

(二)绘画——专注阶段

1. 课室营造自由、受保护的气氛,创作过程辅以舒缓的音乐(放松的心理音乐)。
2. 创作全程遵循"不求不助"原则。

(三)完成——想象阶段

1. 鼓励学生尝试用自己喜欢的方式呈现内心世界。
2. 尊重学生自愿分享作品的想法,并建议给作品取名。

五、课程评价

(一)自我评价

本课程注重学生的自我体验与感受,分享时关注学生对作品的描述并做好记录。教师对每一幅作品不做刻意关联,不给定量、定性判断,只需积极正向引导学生回顾作品创作时的收获与成长,促使学生成为更好的自己。

(二) 借用曼陀罗绘画评价系统

关注学生提交作品的如下维度(表1-5),不对作品予以心理学专业分析,不可随意"标签化"或反馈给家长。

表1-5 儿童曼陀罗绘画测评系统(SCMD)评估表

曼陀罗轮廓图形	A 自性功能	B 自性发展阶段	C 自性水平	D 自我颜色
	E 自我颜色环绕	F 自我颜色在顶部	G 绘画顺序	H 黑色面积及位置
	I 作品名称	J 体验情绪	K 其他重要的颜色的面积和位置	
绘制曼陀罗	A 丰富程度	B 控制力	C 象征水平	D 现实性
	E 一致性	F 感应性	G 名称	H 心情
全家福曼陀罗	A 颜色差异	B 自我认同颜色	C 父母认同	D 家人比例
	E 自我位置	F 人的发展特点	G 身体比例	H 手的发展
	I 性别分化	J 全家福位置	K 情景性	L 基地线的使用

(三) 多维度理解

表1-6

	情感的成长	智慧的成长	生理的成长	知觉的成长	社会的成长	美感的成长	创造的成长
多维度理解							

(撰稿人:李娜)

课程创意 1-4　心理教育戏剧

适合对象：四年级

一、课程概述

　　《中小学心理健康教育指导纲要（2012修订）》中指出，心理健康教育课应以活动为主，采取问题辨析、情境设计、角色扮演、游戏辅导、心理情景剧等多种形式促进学生身心健康和谐发展。教育戏剧于20世纪初兴起于西方国家，兼具生活性、体验性和教育性，越来越多地出现在我国中小学课堂上，成为学生喜闻乐见的一种课堂形式。使用戏剧教育形式，引导学生通过肢体动作、眼神交流、角色对白等演绎、重构生活中的常见问题，能有效促进学生的认知发展、情感发展和社会性发展。

　　本课程的理念是"戏演生活，情动人心""生活即戏剧、教室即舞台、师生即演员"。班杜拉的社会学习理论着眼于观察学习和自我调节在引发人的行为中的作用，重视人的行为和环境的互相影响。教育戏剧提供了"互动场"和"能量场"，让学生在安全的氛围下，将自己潜意识的本能释放出来，表达感受，投射出真实的自己。在同伴的动作和言语中检视自身的行为，修正认知偏差，在团体的包容与支持下，找到问题解决的方式，更好地应对生活。

二、课程目标

　　1. 知识与技能：了解戏剧教育的知识，学会运用口头语言、肢体动作、体态、语气语调、空间距离等表达内心看法和感受，初步学会表演技能。

　　2. 过程与方法：增强角色体验，掌握提问、倾听、肢体表演、分组讨论及点评的要领，自觉汲取他人经验，习得解决问题的方法。

　　3. 情感、态度、价值观：懂得合作与沟通的重要性，学会悦纳自我与悦纳他人，在开放、包容的氛围下敢于表达，学会觉察情绪和自身状态，了解他人的处境、增强同理心，养成积极乐观、健康向上的心理品质。

三、课程内容

心理教育戏剧需要学生动起来,全身心地投入到角色当中。设计梯度性强、层层递进的课程内容有利于调动其积极性和主动性。本课程包括三个模块的内容,分别是认识教育戏剧、演绎教育戏剧和教育戏剧展演。

模块1:认识教育戏剧(3课时)

要成功打开心理教育戏剧的大门,使学生了解和喜爱心理教育戏剧,教师需要利用成熟的剧本、心理绘本或者视频资源,为学生讲解教育戏剧的起源、类型、操作与演绎等基础知识。另外,通过实地操作介绍定格画面、魔法棒、思维追踪、空间建构等常见的心理教育戏剧形式,为接下来的戏剧表演做铺垫。

模块2:演绎教育戏剧(9课时)

课前摸查了解学生情况,确定符合年龄特征和实际需求的主题,如自我认识、人际交往、情绪管理、亲子关系等,选取对应的绘本或剧目供学习和表演。

(一) 经典绘本戏剧

绘本是深受小学生喜爱的读本类型,色彩绚烂的画面、独具匠心的情节、生动活泼的故事中蕴含着丰富的内涵。学生通过分角色模仿、角色扮演的方式对经典绘本进行全方位的理解和诠释。

(二) 心理剧

在心理剧中,学生将自己的内心困惑通过现场演绎的方式展示给团体,通过情境模拟和再现,帮助学生觉察自己的状态和感受。具有普遍性的问题会引起其他学生的共鸣,促使他们去对照、检视自己的生活,在教师的引导下,共同寻找解决目前困境的途径和方法。操作步骤如下。

1. 确定戏剧主题。

2. 学生根据戏剧主题,如亲子关系,讲述自己的故事。找出学生最有共鸣、最受触动的故事作为戏剧蓝本。

3. 在教师的引导下挑选主角和辅角并进行场景再现。

4. 遇到问题时,在教师的引导下进行换位的角色扮演,让主角从过去、现在和将来不同的事件中,了解问题的关键,调整自身的认知、情感和行为。

5. 去角色化,学生分享演出感受。

模块3:教育戏剧展演(4课时)

在前面的学习和体验后,学生已经掌握了心理教育戏剧的内涵和方法,能够熟练地运用所学知识创编教育戏剧。在教师的指导下,学生以小组为单位,小组讨论决定感兴趣的主题,以绘本故事为载体,或者以真实事件为脚本创造戏剧剧本、排演剧目、制作道具及设计舞台等,呈现其学习课程所得及综合能力,由课程成员点评并投票选出优秀作品。

四、课程实施

本课程共16课时,教师需准备好相关的心理教育戏剧剧本、视频资源、戏剧道具及涉及的场景音乐。具体实施方法如下。

(一) 视频分析法

为了使学生直观地了解什么是心理教育戏剧,教师可以在课堂上播放优秀的心理教育戏剧剧目供学生观看学习。当出现戏剧冲突时,教师暂停视频,通过提问的方式了解学生的看法和感受,鼓励学生根据自身实际情况进行二次创作。

(二) 小组合作法

心理教育戏剧涉及故事创作、角色分配、道具制作等内容,需要团队一起合作。因此,教师在授课的过程中,可根据戏剧主题将学生进行同质性分组,随着课程推进,定期重组小组成员,更大程度地发挥出戏剧教育的疗愈功能。学生也能够在小组交流、合作中提升沟通能力,学会理解和信任他人。

(三) 学生作品展演

举办优秀心理戏剧展演活动,交流、总结学习成果。一方面,为学生提供展示自我和团队的平台,为学校提供优秀成果和人才储备;另一方面,其他学生可以从中获得替代性经验,从而提高戏剧教育的影响力,营造关注心灵、健康成长的校园氛围。

五、课程评价

心理教育戏剧的目的是提高学生的心理健康水平,需要循序渐进。对课程效果进行评价时,需采用多元的评价方式。

(一) 及时性评价

教师以口头称赞、眼神示意、点头、拍掌等语言和非语言表扬学生,及时鼓励学生。

(二) 过程性评价

在教学过程中,采取互评、小组评价和教师评价的方式,对活动情况和活动成果两方面进行评价(表1-7)。

表1-7

分类	评价内容	评价结果 ☆☆☆	☆☆	☆
活动情况	参与态度	主动积极地参与课程活动	按时参加课程活动	在老师和同学的提醒和督促下参与课程活动
活动情况	合作态度	善于合作,积极互动,热心帮助小组成员	遵守小组要求和规则	能在成员的帮助下参与活动
活动成果	作品	小组成员有序、创造性地进行剧情创编和表演	能完成戏剧创编和表演	在老师的协助下完成戏剧创编和表演

(三) 赛事性评价

在课程的第三模块,对学生的汇演作品进行评比,优秀作品将推荐至学校参加区、市级比赛。评价方式如下(表1-8)。

表 1-8

第（　）组　组长：（　）　组员：（　）

分类	评价内容	评分　优秀（15—20）　良好（10—14）　合格（5—9）
体态声音(20分)	自信大方	
	表达流畅、声音洪亮	
肢体动作(20分)	丰富的面部表情	
	使用适当的姿势和肢体语言	
性格刻画(20分)	表演时带入个性	
	表演真实度	
	聆听其他表演者	
	回应其他表演者	
情感表达(20分)	全身心投入活动	
	情感表达与角色相符	
整体表现(20分)	贴近生活，构思新颖	
	积极向上，有创造力	

（撰稿人：邓宝嫦）

课程创意 1-5　学习能力闯关

适合对象：三年级

一、课程概述

根据《中小学心理健康教育指导纲要（2012年修订）》（以下简称《纲要》），心理健康教育应从不同年龄阶段学生的身心发展特点出发，设置分阶段的具体教育内容。其中，《纲要》要求"在小学中年级开展心理健康教育时，需初步培养学生的学习能力，激发学习兴趣和探究精神"。基于《纲要》的要求，本课程以趣味游戏的形式开展学习能力训练。把注意力、记忆力和思维力三部分作为训练的着力点，提高学习兴趣，培养学习能力，促进全面发展。

本课程的理念是"培养能力，增强效能"。在课程实施中，教师首先要注重培养学生的注意力，因为注意力是一切学习能力的基础。其次，教师在记忆力训练部分主要引导学生将记忆方法迁移到学习中。最后，通过不同思维能力的训练全面提升学生的学习能力。

二、课程目标

1. 了解学习能力，体会提升学习能力的重要性。
2. 掌握提升学习能力的方法，找出适合自己的方法并运用到学习中。
3. 通过学习能力训练，提高学习兴趣，提升学习效能。

三、课程内容

课程主要采用学习能力闯关的形式，在活动中学习和体验不同的训练方法。每一节课都会设置不同的闯关情境，一节课代表一个关卡，学生在课堂上积极参与，完成每节课的小挑战，即可拿到对应的通关卡，顺利通过所有关卡的学生可以得到奖励，以此提高学生的兴趣和参与度。本课程包括三个模块：一是注意力训练；二是记忆力训练；三是思维力训练。

模块1：注意力训练(5课时)

本模块将带领学生走进注意力的世界，着重进行视知觉能力和听知觉能力训练。在课堂中，学生将体验如舒尔特方格、图画找迷、眼睛定点训练、听觉抗干扰、倒报词语等不同练习项目，最终学会课堂中注意力训练方法并运用到日常学习中。教师每周布置家庭作业，使注意力训练常态化。

该部分分为视觉分辨力、视觉追踪力、听觉分辨力、听觉理解力及综合训练五个课时。前四个课时分别针对视觉和听觉的不同能力进行针对性训练，最后一个课时，教师和学生共同对注意力模块的训练进行总结和评价，并开展视觉和听觉的综合训练。

模块2：记忆力训练(4课时)

本模块学生将走进记忆力的世界，着重进行不同记忆力的训练。在课堂上，教师提供三年级的学科记忆材料，学生在课堂上学习并练习记忆方法，鼓励学生将记忆方法迁移到日常学习中并不断巩固、内化。

前三个课时，教师在课堂上介绍形象记忆法、协同记忆法、故事记忆法、数符编码法等不同的记忆方法，并在课堂上带领学生练习和体验，学生找到适合自己的记忆方法。最后一个课时为记忆力的综合训练，给学生设置不同记忆情境，学生自行选择记忆方法，进行记忆大比拼。最后，师生共同对本模块的训练进行总结和评价。

模块3：思维力训练(5课时)

本模块将带领学生走进思维力的世界，并针对与三年级学科学习相关性较大的思维展开训练。教师提供对应思维力的训练题，学生进行小组讨论，集思广益，共同解题，组间展开竞赛。

该部分分别针对联想思维、想象思维、发散思维、逆向思维和变通思维展开训练。每个课时介绍一种思维，从易到难，依次提供不同难度的趣味思维题，学生共同合作解题，组间竞赛，在合作与竞争中感受思维的奇妙。

四、课程实施

本课程共14课时，实施准备包括：PPT课件、游戏道具、相关图片、音频、视频等。

具体实施方法如下。

(一) 游戏教学

教师课前需要提前准备相关放松音乐。游戏前,教师需说清楚游戏规则,并引导学生跟随放松音乐进行静心训练,以便更有效地参与到训练活动中。课堂上开展舒尔特方格、图画找迷、鸭子与鹅、躲开"3"等视听动觉训练游戏,调动学生的学习积极性,在游戏过程中提升注意力。每次游戏结束后,教师引导分享感受并注意总结,通过分享,让学生获得能力的提升与心灵的成长。

(二) 赛事教学

教师在课堂上介绍形象记忆法、协同记忆法、故事记忆法、数符编码法等不同的记忆方法,并在课堂上带领学生练习和体验。每节课下课前进行记忆力小比拼,学生用本节课所学记忆法记忆材料,根据学生表现,共同选出本节课的"记忆之星"。最后一节课进行记忆力竞赛,给学生设置不同记忆情境,学生自行选择记忆方法,进行记忆大比拼,在最短时间内准确复述出教师提供的材料即可获胜,得到奖励,学生在竞赛中巩固所学的记忆方法。

(三) 讨论教学

提前准备好针对联想思维、想象思维、发散思维、逆向思维和变通思维等不同思维训练题目,教师需明确规则。学生先独立思考,再以心理小组为单位展开讨论,寻找解题方法。讨论结束后,全班交流,共同探索思维的奥妙,教师应引导学生注意总结是否有多种解法或最简解法。

五、课程评价

本课程主要采用过程性评价,在每个模块教学结束后,根据不同心理特质设置不同的评价角度。根据学生在活动中参与的态度和表现,采取自我评价、小组评价及教师评价的方式,以小组评价为主。特别需要注意的是,教师需要介绍清楚评价的角度、规则和标准。

表例如下(表1-9)。

表1-9

第( )组 组长:( ) 组员:( )

学习能力	评价内容	评价结果									
		☆☆☆			☆☆			☆		
		自评	组评	师评	自评	组评	师评	自评	组评	师评
注意力	注意的集中性									
	注意的稳定性									
	注意的范围									
	注意的分配									
记忆力	记忆的敏捷性									
	记忆的持久性									
	记忆的正确性									
	记忆的准备性									
思维力	思维的深刻性									
	思维的敏捷性									
	思维的独立性									
	思维的灵活性									
	思维的逻辑性									

26—39颗☆为"优秀",13—26颗☆为"良好",13颗☆以下为"需努力"。

本次课程我共获得( )颗☆,我的课程评价是优秀( )良好( )需努力( )。

(撰稿人:古兰青)

第二章
自觉性：教师参与课程变革的支点

教师参与课程变革的自觉性，是教师基于课程目的和课程理性认识，实现学科课程的思维转向，形成自我课程信念与准则，自觉将其付之于有效的课程实践行为，并不断将课程实践推向深化的过程。课程自觉，是一种思想、一种行动、一种有密度的文化自觉。教师参与课程变革，需要在整个课程运作过程中发挥课程自觉的核心作用，以课程自觉为支点，撬动课程变革，推动课程建设。

教师参与课程变革具有文化自觉性,这种文化自觉性就是课程自觉。有学者认为,课程自觉是课程主体基于课程目的和课程理性认识,进而形成课程实践,并不断将课程实践推向深化的过程,其目的是建构本土课程理论情境和课程实践情境,并在此过程中实现课程主体的本己意义世界与存在方式的重构。① 也有学者认为,教师参与课程变革具有自主性,是基于文化自觉的课程变革,其特点是清晰的课程自知、透彻的课程自在、积极的课程自为、深刻的课程自省以及持守的课程自立的统一。② 因此,提升教师参与课程变革的自觉性,以下几个方面十分重要。

一是清晰的课程自知。课程自知是教师对课程情境的自觉理解。对一位教师来说,课程自知意味着对学科课程群建设的自觉思考,自觉跳出"课程即科目""教材即课程""课程即教学内容"等狭隘的课程观,建立与立德树人要求相适应的崭新课程观,确立丰富学生的学习经历之课程育人观。③ 教师对学科应有规范性的认识、合理性的理解,并将其融入课程当中,树立正确的课程观。"醇美",即品味纯正与美好,是教师语文课程自知的态度与效果。"醇美语文"课程,意在让儿童享受语言文字的音、形、义所散发出来的芬芳,把儿童带进质厚淳朴的中华传统文化的殿堂,体验丰富多彩的语文生活,通过语言学习,激活儿童的思维,浸润儿童的生命,是教师课程自知的合目的性的选择。

二是透彻的课程自在。教师参与课程变革,需要全面洞察学校课程自在的外部环境,需要完整把握课程自在的文化处境,需要清晰认识课程变革的制度环境和现实可能,进而意识到哪些是可为的、哪些是不可为的;哪些是必须做的,哪些是可选择的;哪些是自己即可为的,哪些是需要制度支持的。语文课程是义务教育阶段的母语课程,

---

① 费汝海.论课程自觉[D].桂林:广西师范大学,2008:9.
②③ 杨四耕.自主性变革:走向课程自觉的美好境界[J].中国教育学刊,2020(5):66—70.

是一门学习国家通用语言文字运用的综合性、实践性课程,也是最基础、最关键的课程,旨在引导学生在学习语言文字运用的过程中,积累深厚的文化底蕴,增强文化自信,实现立德树人的根本任务。教师以对语文学科课程的理性自知为基础,从整体上把握时代环境下学科课程发展的方向与价值趋势,立足于《义务教育语文课程标准(2022年版)》,建构"醇美语文"课程,使之与国家立德树人根本任务相契合,在实践中落实语文要素,落实学生必备的语文技能,引导学生感受语文生活的醇美,推进课程改革的不断深入。

三是积极的课程自为。教师自身对课程具有决策能力,在行为上具有主动性和积极性。教师通过分析学科课程情境,厘定学科课程哲学、确定学科课程目标、设计学科课程框架、思考学科课程评价,进行一系列主动积极的课程实践。教师贯彻一体化课程设置理念,发挥主观能动性,从识字与写字、阅读与鉴赏、表达与交流、梳理与探究四个方面进行个性化解读与探究设计,创设丰富多样的学习情境,注重实现"教—学—评"的一致性,开发出"醇美语文"课程,形成有效的课程实践模式,不断优化课程的价值效能,是教师课程自觉行动力的最好确证。

四是深刻的课程自省。杜威认为,反思就是有意识地探究行动和结果之间的联系,并在深层上使二者实现意义联结。[①] 学校课程变革在实际运作中是不断变化着的,是一种反思性实践,因此,教师需要进行自主式反思和省察。教师对课程教学产生困惑与冲突,跳出既定框架进行自主批判,对课程理论进行理性反思与重构等,都是课程实践引发教师对课程进行深入理解的自我审思,属于教师参与课程变革在理论观念层面的自省。教师根据具体的实践情境,通过调整、增加、删改等方式对原有课程进行自主改造以应对可能的情境,是教师持续性地对课程进行反思实践的主动探究,属于教师参与课程变革在实践行为层面的自省。"醇美语文"课程是一个自主、动态、开放的课程,也是一个以反思"反哺"实践、以实践"反馈"反思的课程。教师根据现实的教学情境,围绕特定学习主题,设计语文学习任务,注重儿童当下的生活体验、文学体验、文化体验、审美体验,从学生语文生活实际出发,在实践过程中不断反思,不断调适课程对实践情境的适切性,是教师在理论观念与实践运行两方面合乎规律的课程自省。

五是持守的课程自立。在"国家+地方+学校"三级课程管理模式下,教师实现课

---

① 杜威.杜威教育论著选[M].赵祥麟,王承绪,译.上海:华东师范大学出版社,1981:331.

程自立显得尤为重要。课程自立本质上是在课程自知、课程自在、课程自为以及课程自省的作用之下,依靠自己的自觉和力量对课程实践有所贡献,并在此过程中逐渐提升自己的课程能力和专业成熟度,基于行动确证自己的"课程人"地位。[①] 教师的课程自立过程不是一蹴而就的,需要不断开拓创新,本土课程结合国家课程,实践研究成果结合理论基础,多次磨合实践开发模式,形成独立的意识观点,形成独立的课程结构体系。在国家语文课程的基础上,教师开发出实体性的"醇美语文"课程群,包括"儿童诗创作""汉字的演变""绘本之家""看图写话""课本剧表演""唯美阅读""作文描写奥秘""走进寓言故事"等创意课程,形成自我课程观,是教师实现课程自立的综合体现。

  总之,作为课程实施主体的教师,其课程自觉将是推进课程改革实践不断深化之必需。具体而言,教师课程自觉就是要求教师对课程的发展方向具有理性的认识和把握,在课程实施中形成自我课程信念与准则,并自觉将之付诸有效的课程实践行为,最终实现课程意义与教师个体精神建构与专业发展的共存,从而推动课程改革理念的发展。[②] 如费孝通先生所言:"文化自觉是一个艰巨的过程。"课程自觉,是一种思想、一种行动、一种有密度的文化自觉,也是一个艰巨的过程。教师作为实际运作课程的操作者、担当者,需要在整个课程运作过程中发挥课程自觉的核心作用,以课程自觉为支点,撬动课程变革,推动课程建设。

(执笔:翁蔼葵)

[①] 杨四耕.自主性变革:走向课程自觉的美好境界[J].中国教育学刊,2020(5):66—70.
[②] 李欢,范蔚.论教师课程自觉的内涵、阶段与路径[J].当代教育科学,2013(5):27—29.

课程创意 2-1　儿童诗创作

适合对象：四至六年级

一、课程概述

著名儿童诗作家金波曾经说过："儿童是天生的诗人"。《义务教育语文课程标准（2011年版）》提出，第二学段、第三学段的目标分别是"诵读优秀诗文，注意在诵读过程中体验情感，展开想象，领悟诗文大意"，以及"注意通过语调、韵律、节奏等体味作品的内容和情感"。本课程在此基础上，鼓励儿童进行儿童诗创作。儿童诗是儿童文学作品的一种样式，是适合孩子读的诗，主题鲜明，篇幅短小，语言清浅，内容生动，情感向上，想象儿童化。

本课程的理念是"童心是诗，诗写童趣"，让学生在儿童诗创作中表达自己的思想情趣，看到童趣的生活，感受生活的童真美好，学会有趣而自信地生活。

二、课程目标

1. 了解儿童诗创作常用的方法，表达对周围的事物及想象中的事物的认识和感受。

2. 在阅读儿童诗的过程中理解诗，展开想象，体验情感，愿意与同伴、老师交流自己的阅读感受。

3. 朗读分享有趣的儿童诗，感受阅读儿童诗的乐趣，激发阅读儿童诗的兴趣，体会儿童诗的艺术魅力。

三、课程内容

儿童诗的内容涵盖儿童的各个方面，主题多样，童趣不一。在"儿童诗创作"课程里，我们将从四季、爱、自然和时间这四个角度展开，每个角度再细分为四个主题，从认识、欣赏、仿写到创作开展教学。

模块1:四季的诗(2课时)

四季的变化落于童心之上,就是一首首美妙的童诗。学生在此模块围绕"坐在柳树枝上的春天""夏天,哦,夏天""好好吃的秋天""我被冬天抓住了"四个主题,阅读《挠痒痒》(周栾妍)、《夏天》(林焕彰)、《石榴娃娃笑了》(王宜振)、《苹果里的星星》(李德民)、《迟到》(丁云)等儿童诗,开展儿童诗朗读分享会,认识儿童诗,积累自己喜欢的儿童诗,谈谈诗中的童趣。

模块2:爱的味道(4课时)

"家人闲坐,灯火可亲"。家,不仅仅是一座房子,更重要的是房子里的人其乐融融。学生在此模块围绕"世上最帅的人""我亲爱的妈妈""我的一家""甜甜的礼物"四个主题,阅读《世界上最帅的人》(冯文轩)、《爸爸回家》(林良)、《吹牛大王》(谭语晗)、《心》(金子美铃)、《鞋》(林武宪)等儿童诗,了解儿童诗创作常用的方法(比喻法、拟人法、排比法、对比法、夸张法和假设法等),仿写儿童诗,表达对身边人的赞美和感恩。

模块3:神奇的自然(4课时)

大自然是神奇的,有千姿百态的云、调皮任性的风和随风而舞的小草等。学生在此模块围绕"听云说故事""风儿跟我玩""草地上的舞会""日月星辰"四个主题,阅读《明星和记者》(吕仪宁)、《捉迷藏》(萌萌)、《魔法师》(小力)、《风》(丁云)、《月亮掉进水里》(关登瀛)等儿童诗,继续了解儿童诗创作常用的方法(比喻法、拟人法、排比法、对比法、夸张法和假设法等),由仿写到创作儿童诗,进行诗配画,感受大自然的神奇,表达对大自然的赞美和喜爱。

模块4:时间的脚步(4课时)

时间飞转即逝,童年的校园生活以缤纷多彩的记忆留在了童诗里。学生在此模块围绕"明天去远足""教室的故事""快乐的游戏""献给老师的诗"四个主题,阅读《明天要远足》(方素珍)、《捉迷藏》(圣野)、《树林》(谢明芳)、《爸爸的老师》(任溶溶)、《燃烧的红烛》(金波)等儿童诗,运用比喻法、拟人法、排比法、对比法、夸张法和假设法等方法自由创作儿童诗,整理儿童诗,编写成诗集,表达对童趣的怀念。

四、课程实施

本课程共计14课时,教学采用图片资料、多媒体课件、音像资料等。课程实施以四至六年级学生为主,以班级为单位,开展教师讲课、学生品读、赛诗朗诵、"诗情画意"等活动。

(一)营造儿童诗学习氛围

1. 打造"儿童诗文化墙",引导学生走近国内外优秀儿童诗人,以"四季的歌""爱的味道""神奇的自然""时间的脚步"等为主题布置儿童诗主题墙。

2. 创设"诗意长廊",在楼道走廊展示学生原创童诗,做到处处有童诗。

3. 创建"诗社",学校为学生准备像童话屋一样的专用教室,大量购置优秀童诗集。每周定时开展活动,可以适当进行采风创作。

4. 建立儿童诗专题电台与公众号,突破时间与空间的限制,为学生读诗、写诗、分享儿童诗提供良好的儿童诗学习平台。

(二)探索儿童诗教学策略

1. 童诗微课润诗心。教师可以设计简短的儿童诗微课,在午会10分钟开展品读活动,在周三的无书面作业日进行儿童诗朗读,收听班级电台中的儿童诗专题栏目,让学生感受儿童诗的魅力。

2. 多重课型聚诗意。儿童诗教学课型主要分为以欣赏为主和以创作为主两大课型。欣赏课可以分为朗读课、导读课、体验课等课型;创作课可以分为模仿课、想象课、积累课等课型。

3. 巧用方法写诗情。对儿童诗教学中具有规律性的方法进行经验总结,比如创设情境、激发想象、抒发感受、运用修辞(比喻法、拟人法、对比法、夸张法、排比法、假设法等),发掘孩子的创作潜能。

(三)开展丰富的儿童诗活动

"学生成长在活动中",学生是学习的主体,活动则是发挥学生主体性的重要形式。在儿童诗创作教学中,可以结合节假日等开展儿童诗朗诵比赛、诗配画比赛、制作诗集、谱曲唱童诗等主题活动,寓教于乐。

五、课程评价

本课程的理念是引导学生在儿童诗创作中表达自己的思想情趣,看到童趣的生活,感受生活的童真美好,学会有趣而自信地生活。《义务教育语文课程标准(2011年版)》提出"应注意将教师的评价、学生的自我评价及学生之间的相互评价相结合"。所以，每学期儿童诗创作课程教学结束后，我们针对以欣赏和创作为主的两大儿童诗教学课型，采用教师评价、学生互评、家长评价等多种评价方式分别进行评价，促进学生的学习，改善教师的教学。具体评价内容如表2-1、表2-2所示。

表2-1

模块化评价（朗读欣赏）			
如果做到请打一颗☆			
要求	自评	学习伙伴评	家长评
1. 能读通读顺诗作			
2. 基本读懂诗作含义			
3. 能读出诗的节奏			
4. 能对诗进行一定的欣赏			
5. 能对诗作进行一定的评价			
总评	共___☆	共___☆	共___☆

表2-2

模块化评价（创作表达）			
如果做到请打一颗☆			
要求	自评	学习伙伴评	家长评
1. 书写工整，无错别字			
2. 语句通顺			
3. 想象独特			
4. 诗意较完整			
5. 有韵味和童趣			
总评	共___☆	共___☆	共___☆

(撰稿人：符资英　罗彬彬　刘艳)

课程创意2-2　汉字的演变

适合对象：五年级

一、课程概述

　　识记汉字是阅读和写作的基础，也是贯穿整个义务教育阶段的重要教学内容。而如今社会信息化、电子化的快速推进使得部分学生淡化书写，写字能力较差，第三学段（5—6年级）学生很少能达到《义务教育语文课程标准（2011年版）》要求的"行款整齐，力求美观，有一定速度"。因此，了解汉字的演变过程、激发学生对汉字书写的热爱十分必要，且具有实际意义。

　　本课程的理念是"了解汉字演变，激发文化自觉"。文化自觉是对自己民族文化逐渐感知、理解的过程。本课程旨在通过丰富多彩的教学形态，带领学生追溯汉字的演变历程，探索汉字的演变趋势，理解汉字的深刻内涵，调动学生的审美意识与审美情趣；通过规范汉字书写、汉字宣传推广等活动引领学生感受汉字中蕴含的汉民族文化内涵，进而增强文化认同感，实现文化自觉。

二、课程目标

　　1. 知道汉字从甲骨文到楷书的演变过程以及每一阶段代表字体的特点。

　　2. 通过小组合作、教师讲解、查阅资料等方法，了解汉字的构字特点及其价值，初步认识汉字文化。

　　3. 通过了解汉字故事，欣赏汉字之美，提高文化素养和审美情趣，加深文化认同感。

三、课程内容

　　课程内容围绕汉字的历史及特点展开，通过开展与汉字有关的实践学习活动，唤起学生对汉字的赞美之意，使其更为规范地使用汉字。

模块1：亲近汉字——了解汉字的起源与发展(2课时)

通过视频教学和教师讲授，学生初步了解汉字的起源故事，明确从古到今汉字经历的发展阶段：甲骨文—金文—篆书—隶书—楷书，并且发现汉字的演变趋势：逐步从象形走向符号化、从笔画较多走向笔画简单。

模块2：与汉字为邻——搜集和汉字有关的故事(4课时)

学生根据制定的活动计划，分类收集整理和汉字有关的故事，如汉字字谜、对联故事、汉字谐音故事等，在课堂上分享，初步感受汉字的神奇，在活动中真切感受汉字的奇妙。

模块3：我写汉字我骄傲——汉字听写大会、欣赏书法作品选(4课时)

通过汉字听写大会、欣赏书法展等规范汉字书写活动，激发学生对汉字书写的兴趣，提高规范使用汉字的意识和能力，倡导传承中国传统文化的价值观。

模块4：做汉字宣传达人——汉字手抄报大赛和汉字名片展(6课时)

学生灵活运用前面模块所学知识，参与汉字手抄报大赛和举办汉字名片展，将所学的知识呈现出来，进一步感受汉字的博大精深，感受中华优秀传统文化的源远流长，激发学生做汉字宣传达人的热情和自觉。

四、课程实施

本课程实施共16个课时，历经四个阶段，参与主体是任课老师和学生。课程需要准备的资源为教学课件、相关视频和书籍等，涉及的知识面广。课堂旨在激发学生对汉字的好奇，鼓励学生在课堂习得方法后，将学习之路拓宽到更广阔的学习天地，比如图书馆、档案室、博物馆等。具体实施方法如下。

(一) 资料搜集法

通过教师的讲解及课后查阅书籍或者网络资源，学生了解相关的汉字知识，并且能够分门别类地简单整理。具体操作如下：学生以小组为单位，围绕每课确定的学习任务，利用身边学习资源，开展信息搜集等。教师根据学生获取知识情况，适时进行引导和反馈，分析可行性，让学生掌握相关知识和操作方法。

(二) 视频教学法

学生通过观看视频，了解汉字演变的历史，如历史纪录片《汉字的演变》和《史说汉字》等。每次播放可以有选择地截取视频片段,有针对性地介绍汉字演变的过程,让学生直观感受汉字演变的各个阶段。

(三) 探究教学法

以小组为单位,开展和学习任务相关的探究活动,如观看书法展、走近档案馆等,近距离感受文字的魅力。全班讨论有效的实施方案,选取最受欢迎和可操作性强的几种途径,如制作个人 Vlog、制作美篇等,学生按自己的兴趣选择适合自己的途径,积极参与,用多种方式展示自己的探究过程。

五、课程评价

本课程的评价原则是重视过程性评价,注重学生参与度和体验度,激发自主参与意识和探究意识,引导学生分工明确、合作学习,并对活动表现进行反思评价,实施自我评价、生生评价、师生评价、社会评价等多种评价方式,突出评价的激励作用和导向作用。

(一) 赛事性评价——汉字听写大赛

汉字听写大赛通过组内听写、班级听写层层选拔。学生掌握汉字的正确书写笔画,能够知道常见偏旁的含义,简要复述汉字的演变过程,从而感受汉字历史的源远流长。评分标准如表2-3所示。

表2-3

评分内容	具体要求	得分
汉字听写(50分)	掌握常见汉字的书写,笔画正确,不添笔画,不漏笔画。	
笔画笔顺(10分)	要求掌握常见偏旁含义,并且能拓展相关的同偏旁的字。	
汉字组词(20分)	用常见字组词,无错别字。	
古诗文联句(20分)	根据提示的诗名、诗人、朝代等写出古诗。	
总分		

(二) 赛事性评价——汉字手抄报比赛

学生以小组形式参赛,组内自行制定手抄报主题,将模块1、2所学内容有选择地加以呈现,图文并茂,兼具知识性和趣味性。评价内容如表2-4所示。

表 2-4

评价内容	优秀（15—20）	良好（10—14）	合格（5—9）
内容切合汉字演变(20 分)			
版面和谐布局合理(20 分)			
插图精美花边雅致(20 分)			
字体规范整齐干净(20 分)			
构思新颖主题鲜明(20 分)			

(三) 点赞性评价——实地考察感想

拍摄自己观看书法展、走进档案馆等汉字实践活动的 Vlog 或者编辑美篇，发布到"朋友圈"，和大家互动评价，要求获得 15 个以上赞，课程方为合格。

(四) 展示性评价——汉字名片展览

学生制作汉字名片，名片格式可参考课堂模板，也可以自行创作。教师统一收集，带领学生布置展览板，将展览板置于学校展厅，邀请学生和老师观看，在留言本上留下评论和建议。评价内容如表 2-5 所示。

表 2-5　汉字名片评价卡

参评人：_____　参评日期：_____
我真棒：☆☆☆　我还行：☆☆　我要加油：☆

评价内容	自评	小组评	教师评	总评
名片内容充实				
字迹工整美观				
版面分布合理				
主题别出心裁				

（撰稿人：黄泽銮　陈君赐）

课程创意 2-3　绘本之家

适合对象：一至二年级

一、课程概述

《义务教育语文课程标准(2022年版)》中提出阅读的总体目标是培养学生"学会运用多种阅读方法，具有独立阅读能力"，一、二年级的阶段目标是培养学生"喜欢阅读，感受阅读的乐趣，养成爱护图书的习惯"，通过阅读"向往美好的情境，关心自然和生命，对感兴趣的人物和事件有自己的感受和想法，并乐于与人交流"。

低年段的学生识字量不多，绘本最适合用来开启学生阅读之旅。绘本是一种专门为幼儿创作的书，通过图文合奏来共同讲述一个完整的故事。世界优秀绘本是美术、教育、文学三者完美结合的作品。绘本阅读，可以帮助孩子了解世界，培养孩子的想象力，发展情商和智商；提升孩子的美感经验以及学会观察和思考图画的能力。

"绘本之家"的课程设置，意在通过优秀绘本的阅读熏陶，引导学生认识自我，形成自尊、自信的个性品质；同时引导学生感悟亲情，体会到亲情的可贵；学会正确、大胆地表达自己的情感；提高儿童的早期阅读能力，促进儿童社会性、情感性及思维的发展；对儿童语言、情绪、情感、想象力产生影响。

本课程的理念是"悦读绘本，开启智能"。教师和学生在共同阅读绘本的过程中开阔视野，丰富生活体验，感受美，激发创造性思考，促进多元智能的均衡发展。通过绘本阅读，让孩子爱上阅读，在一、二年级形成良好的读书氛围，培养终身阅读的习惯，更希望通过孩子能感染周围的人，一起分享阅读的快乐。

二、课程目标

1. 会读绘本，培养读图和阅读简单文字的能力。
2. 通过师生共读、亲子共读、思考讨论等方法共同阅读，享受阅读的快乐。
3. 爱读书，养成阅读兴趣和习惯，享受阅读的快乐。

三、课程内容

本课程根据绘本内容和学生年龄段的心理发展特点将绘本教学分为自我认知、感受亲情、学会分享、探索自然、创造想象五个模块。

模块 1：自我认知

自我认知是人对自己所思所做的一种认可，能够理智地看待并且接受自己，热爱生活，奋发向上，积极而独立。只有建立了充分的自我认同感，学生才能自信、自尊。课程通过绘本阅读，可以引导学生认识自我，形成自尊、自信的个性品质。

推荐阅读的绘本有《我不知道我是谁》《没有耳朵的兔子》《我就是喜欢我》《住在箱子里的兔子》《自己的颜色》《我的优点是什么》《大脚丫和玻璃鞋》《你很快就会长高》《孩子的宇宙》等。

模块 2：感受亲情

一个温馨的家庭，父母与孩子之间的情感必定也是亲密而温馨的。学生通过绘本引导感悟亲情，体会到亲情的可贵；感受生活的美，进而学会发现生活之美；学会正确、大胆地讲述自己对亲人的爱，表达自己的情感。

推荐阅读的绘本有《像爸爸一样》《我妈妈》《我爸爸》《猜猜我有多爱你》《让我安静五分钟》《我的爸爸叫焦尼》《妈妈的红沙发》《我和妈妈》《有时候，我特别喜欢爸爸》《文字工厂》等。

模块 3：学会分享

上了小学的孩子开始了新的集体生活，交到了新的朋友，每一天孩子们都需要和小伙伴们相处。通过绘本阅读，引导学生体验与同伴共同生活与学习的乐趣，学会关心、爱护、帮助他人，学会付出、分享与合作，学会生活，增强学生的集体意识，更好地适应小学生活。

推荐阅读的绘本有《南瓜汤》《小棕熊的梦》《彩虹色的花》《月亮的味道》《我的三个朋友》《我有友情要出租》《最好的礼物》《了不起的新朋友》《阿秋和阿狐》《"星期四"要去哪里呢?》《一只蓝鸟和一棵树》等。

模块 4：探索自然

大自然就是孩子们学习的大宝库。学生通过阅读与大自然相关的绘本，感受大自然,感悟美,学习到更多的科学小知识。

推荐阅读的绘本有《太阳升起时·月亮升起时》《去山间》《黑夜来到森林》《和甘伯伯去游河》《花婆婆》《跟着爸爸去观鸟》《神奇的蓝色水桶》《森林的绘本》《种子去哪里》《地上·地下》《天空·海洋》《美丽的地球》《爸爸带我看宇宙》《天有多高?》等。

模块5:创造想象

想象没有边界,创造没有止境。想象力是可以习得的,而绘本阅读就是非常好的途径。

推荐阅读的绘本有《不可思议的旅程》《世界上最大的蛋糕》《云朵面包》《月亮冰淇淋》《阴天有时下肉丸》《神奇糖果店》《一园青菜成了精》《魔法拐杖》《米莉的帽子变变变》《长个不停的腿》《森林里的躲猫猫大王》《野兽国》《午夜厨房》等。

四、课程实施

本课程以一、二年级学生为实施对象,要准备绘本故事书、课件及活动所需材料,共14课时。具体实施方法如下。

(一) 师生共读法

每周的阅读课上师生共读绘本故事。教师可以朗读一些优秀的绘本给孩子们听,学生也可以分享自己读过的绘本故事。师生同读,交流自己的思想感悟,可以激发学生的阅读兴趣。

(二) 亲子阅读法

家长和孩子根据老师提供的绘本,一起阅读,交流思想感悟。孩子也可选择自己感兴趣的绘本和家长一起阅读,然后在QQ群打卡分享阅读感受。

(三) 思考讨论法

针对阅读的绘本故事,老师提出问题或者设置情景让学生思考并讨论。例如,阅读绘本《七只瞎老鼠》,根据情节的发展提问引导学生思考"每一只老鼠摸到的东西像什么?""其实,每只老鼠摸到的是什么?""你觉得这些部位组合起来会是什么?"

(四) 竞赛激励法

定期在班级举行讲故事比赛,评选"书香少年",营造班级读书氛围,激励孩子们积极参加绘本阅读活动。

五、课程评价

本课程的评价注重过程和过程中的体验,提供引导学生对自己在课堂中阅读体会的习得,在共同阅读绘本的过程中开阔视野,丰富生活体验,感受美,激发创造性思考,促进多元智能的均衡发展。重视师生之间、学生同伴之间和家庭成员之间的相互肯定。评价以促进学生自主阅读为目的,使更多的学生体会到阅读的快乐,爱上阅读,分享阅读。

(一)赛事性评价——"书香少年"评选活动

根据五个模块内容的学习,定期开展讲故事比赛。学生可以自选或者创编绘本故事。学生通过讲故事,深化阅读的快乐与分享。

以下是评分标准(表2-6)。

表2-6

评分内容	具体要求	得分
故事选择(30分)	主格调积极向上,语言自然流畅,情节起伏跌宕。	
语言表达(30分)	要求脱稿,声音响亮,普通话标准,语速适当,表达流畅,故事完整。	
形象风度(20分)	要求衣着整洁,仪态端庄大方,举止自然、得体,体现朝气蓬勃的精神风貌;上下场致意,答谢。	
现场感染(10分)	有较强的现场感染力,能引起评委的共鸣。	
整体效果(10分)	评委根据演讲选手临场表现做出综合演讲素质评价。	
总分		

(二)展示性评价

假期组织学生进行好书推荐,拍摄视频向同学推荐自己最喜欢的绘本,老师挑选后在班级群里展示。

(三) 点赞性评价

制作"阅读牛人榜",每周学生将自己的阅读记录拍照分享到QQ群的"阅读牛人榜"相册,班级成员和老师对其进行点赞与评价。"阅读牛人榜"表格如下(表2-7)。

表2-7 阅读牛人榜

( )年( )班 学号： 姓名：

爱读书的孩子会越来越聪明。如果你从现在开始坚持阅读,坚持记录,那可是一笔不小的精神财富,或许它就能改变你的人生。

时间	课外阅读内容	阅读时间	阅读方式	阅读评价
星期一	《　　　》		亲子阅读(　) 独立阅读(　)	
星期二	《　　　》		亲子阅读(　) 独立阅读(　)	
星期三	《　　　》		亲子阅读(　) 独立阅读(　)	
星期四	《　　　》		亲子阅读(　) 独立阅读(　)	
星期五	《　　　》		亲子阅读(　) 独立阅读(　)	
星期六	《　　　》		亲子阅读(　) 独立阅读(　)	
星期日	《　　　》		亲子阅读(　) 独立阅读(　)	

(撰稿人:姚晓丹　刘雨晴)

课程创意 2-4　看图写话

适合对象：二年级

一、课程概述

低年段的写作形式主要是"看图写话",是根据图文要求写一段话。写话看似简单,但在学生从观察图片,到用字组词,再连词成句成段,最后组织口头语言从而形成书面语言的这一过程中,其实反映了学生的语文综合能力。《义务教育语文课程标准(2011年版)》也明确提出"写作是运用语言文字进行表达和交流的重要方式,是认识世界、认识自我、创造性表述的过程"。而看图写话作为写作的第一阶段,更为重要。因此,看图写话课程设置对学生语文素养的形成是不可或缺的。

"看图写话"课程的设置理念是"激发写话兴趣,提升表达能力"。该课程将引导二年级学生学会运用方法观察图画,并能在活动中提高思维能力、语言组织与表达能力,从而为高年段写作打下扎实的基础。

二、课程目标

1. 对写话产生兴趣,留心周围事物,写自己想说的话。
2. 在写话中乐于运用阅读和生活中学到的词语。
3. 根据表达的需要,学习使用逗号、句号、问号、感叹号。

三、课程内容

小学语文教学中的看图写话内容主要是考查学生的观察、分析以及语言表达能力,是学作的重要内容之一,可以分为以下几个模块。

模块1:认识几个基本句式

看图写话最基本的是从写一个句子开始,因此,在刚开始要结合图片引导孩子认识几个基本句式,如"图中有什么?""图中人物在做什么?"等。教师可根据课文中给出的题目,或借助典型性图例,再将图例按句式归类,利用问答形式或其他游戏形式对学生进行训练,在学生对句式有所了解后,再对学生进行关于日常生活的句式说话训练。

模块2:学习看图写一件事

在认识基本句式的基础上,教师可对学生进行看图写一件事的训练。首先,教师要从学生的日常生活中挑素材。其次,再引导学生从发展的顺序仔细地观察图片,并用上几个基本的句式,如"谁在哪里干什么?",可以按发展的顺序把起因、经过、结果完整地说出来。然后,引导学生用上能够表达出发展顺序的关联词,并尝试写下来。

模块3:学习看图写一个处所

教师可以结合"语文园地·识字加油站"中的教学内容,进行看图写处所的教学。教师可以引导学生仔细地观察处所,并尝试说出这个处所的样子,结合生活实际想象处所中的故事等,最后尝试用几句话写下来。

模块4:学习看图写一个人物

教师可以组织一个人物介绍的小活动,引导学生看图介绍人物。接着,教师可以引导学生从人物的外貌、性格、穿着、特点等角度介绍,并给出时间,让学生和同桌互相介绍。此外,教师还要巡视指导,鼓励内向的孩子大胆开口表达。经过一轮练说之后,教师再引导学生将口头语言写下来。

四、课程实施

在小学低年级,学生缺少一定的生活经验,表达能力也待完善。无论是看图说话还是看图作文,都是借助栩栩如生的画面来培养学生的心智,开发学生的想象力,为写作打下坚实的基础。该课程面向二年级学生开展实践,分为四个模块,之后循环进行。教学时间累积约24课时。

(一)图文观察法

看懂图文是基础。图片中不仅有图,还有文字,都是关键点。如果不仔细揣摩图文传达的信息,写话内容很容易偏题。因此,教师要指导学生学会看图。如二年级教材中一篇写话——漫画《父与子》。写话时先让学生仔细读写作要求,然后观察图中给出的几个不同场景,了解人们分别在做什么,再让学生讨论图中人物的变化,从而想象人物之间的对话以及接下来会发生的事情。只有把图看懂了,学生才有写话的信心,才能有话可说。

(二) 情境想象法

借助想象,充实画面。观察图片时,教师要随时关注学生的情绪变化,适当地提出意见,让学生发挥想象,养成每次看到图画时,都能以图为基准,跳出图画思维外延的习惯。例如,二年级上学期"语文园地三"中的看图写话,图中有汽车、陀螺等玩具,要求学生写自己喜欢的玩具,写明为什么喜欢这个玩具以及玩具的特点。细致的学生会留意写话要求,比如喜欢汽车的原因是汽车跑得快,可以带自己去全世界旅游;缺乏情境想象的学生则会忽视图外可以想象的元素。所以,教师要善于帮助学生充实画面内容,由此及彼地联想,不要拘泥于图片。

(三) 问答法

训练学生会"说话"。写话练习,不妨从"说话"开始。例如,教学"写一写自己的好朋友"的写话训练中,给出了三点提示:"他是谁?""他长什么样子?""你们经常做什么?"可以让学生反复读这三点要求,以便说的时候不跑题。然后,分小组交流讨论,可相互问答:"你的好朋友是谁?""他长什么样子?"通过介绍,互相猜测所描述的对象。在这个过程中,教师需要适当巡视,及时解答学生"说话"中遇到的问题。最后,检查学生的交流成果。在这个过程中,学生大胆说很关键,为写提供素材。

(四) 练习法

训练学生"写话",从基础的句子开始。教学时,要根据学生的年龄特点和掌握的汉字量,先从简单的句子写起。要求不要有错字,句子完整通顺就可以。例如,句子练习中的"'雾'把自己藏起来了。风拿走了我的毛巾和手帕,擦过了汗,扔到了地上……",这些句子非常有趣,学生可以先尝试模仿这类句子,学以致用,写话水平会得到很大的提升。从模仿开始,对简单的句子进行反复操练,不断消除学生的恐惧心理,建立写话的自信。

五、课程评价

看图写话课程既要重视过程性评价,还要注重结果性评价。引导学生在教学过程中提高自主参与意识和表达沟通能力。同时,还要注重对于"作品"中涉及的格式、标点符号、句子完整性和规范性等细节体现,突出评价的导向作用。根据活动内容和特点,课程设计以下评价方式。

(一)符号或评语式评价

低年级学生识字量少,教师可借助拼音、各式各样的符号替代传统评语,如笑脸、小印章等对学生进行写话评价。如学生初始阶段只要能写一句通顺的话,就可获得小红花的印章,学生能写一个精彩的句子就可以获得一个笑脸贴画,以此鼓励学生。若遇到孩子写得不尽人意的时候,教师又可以多用"如果……就更好了!"此类鼓励式评价语。

(二)表格式评价

表格式评价如表2-8所示。

表2-8

标准	格式	内容丰富	结构完整	语言生动连贯(含课堂发言)	书写美观	标点符号
完美						
规范						
欠缺						
不规范						

表格的设计形式多样,可以根据实际需要来设计。但是,由于表格式评价中的用词较为专业化,低年级孩子无法完整理解,教师需进一步解释才能落实效果。

参考文献:

[1] 许梅.基于对话理论的低段看图写话教学策略研究[D].成都:四川师范大学,2015.
[2] 高敏.小学低年级写话现状及教学策略研究[D].昆明:云南师范大学,2014.
[3] 中华人民共和国教育部.义务教育语文课程标准(2011年版)[M].北京:北京师范大学出版社,2012.

(撰稿人:杨莹 游榕芳)

课程创意 2-5　唯美阅读

适合对象：三至六年级

一、课程概述

《义务教育语文课程标准(2011年版)》指出,"要重视培养学生广泛的阅读兴趣,扩大阅读面,增加阅读量,提高阅读品位。提倡少做题,多读书,好读书,读好书,读整本的书"。同时,"应加强对阅读方法的指导,让学生逐步学会精读、略读和浏览"。学生在语文课程的学习中,阅读的对象具有多样性,阅读的过程具有综合性和实践性,阅读的目的是养成阅读习惯、探索阅读方法、建构阅读经验,发展自身的语文素养。

本课程的理念是"遨游经典,浸润心灵"。以经典阅读书目为羽翼,引导学生运用个性化的阅读方法进行迁移运用,围绕整部作品展开与作者、文本、教师、同伴的对话。

二、课程目标

1. 激发阅读以名著佳作为代表的整本书的兴趣,养成独立阅读的习惯。
2. 通过多种阅读课结合泛读、精读等策略,从"读好一本书"进而到"会读一类书"。
3. 借助小组合作与探究的形式,初步训练在阅读中吸取不同视角观点的能力,培养审美鉴赏与评价的初阶意识。

三、课程内容

本课程的学习活动主要包括两大环节:名著阅读方法指导与三册名著的整本书阅读。三册名著分别对应"生死""友谊""冒险"三大主题。具体操作如下。

模块1:名著阅读方法(2课时)

(一) 读书经验分享热身

教师通过在读书群发布读书分享微视频,激活学生过往阅读体验,并示范分享的基本发言框架。正式上课时,先自由分组,每人分享一本带来的最喜欢的名著。小组推选一人,上台两分钟分享介绍。

(二) 读书笔记和思维导图

读书笔记和思维导图的制作是阅读中重要的输出环节,有利于孩子总结和自我联结。老师课前布置预习作业,阅读卡尔维诺《为什么读经典》部分章节,做一篇读书笔记或思维导图,课堂上分享。

模块 2:阅读《马提与祖父》(4 课时)

(一) 导读课

课前导入播放斯坦福大学《生死课》片段,引导学生讨论"如何看待死亡",再通过看封面、猜内容来激发学生的阅读兴趣。其次,了解作者生平,通过重要的情节片段赏析,练习预测和提问策略。最后,小组制定阅读计划,阅读任务分工认领。

(二) 推进课 1

推进课的目的在于进一步推动学生形成自己的思考,带着问题继续往下读。本课设置两个学习活动,一是训练阅读推断力,依据环境提示猜测散步地点;二是训练联结力,在朗读对话中揣摩人物心理,设置朗读比赛,同桌合作朗读。布置课后任务:散步地图绘制。

(三) 推进课 2

第二次推进课需要建立章节之间的联系结构,形成学生的整本书阅读与赏析意识。对比阅读宫玺的诗《蜕》,引入交流话题"爷爷真的死了吗?",用大问题串联推进课,训练学生的概括能力(试着用一两句话概括整本书的内容);设置复述接力赛(出示图片和提示语,小组轮流概括,重温复述策略),最后分享与评价"我对生死的看法",并布置课后任务"我的心愿单"。

(四) 交流课

各小组阅读活动任务交流展示。

模块 3:阅读《夏洛的网》(4 课时)

(一) 导读课

以观看电影片段激趣,再看封面,读简介,看目录,以猜读激发阅读期待。最后,小组制定阅读计划,进行阅读任务分工认领。

(二) 推进课1

先集体欣赏书中夏洛登场片段，感受作者的情感表达，交流之后借助相关影视作品，对比体会不同的艺术形式在表现人物、设置情节方面的特点。

(三) 推进课2

以小组为单位，选择自己感兴趣的任务，如橡皮泥塑故事人物、制作插图、精彩片段表演会、制作推荐海报等，提取相关信息，进行联结，呈现自己独特的阅读感受。

(四) 交流课

在小组阅读活动任务交流展示后，进行同类主题书目推荐，如《青铜葵花》。

模块4：阅读《海底两万里》(4课时)

(一) 导读课

以"鹦鹉螺号"为切入口，观看电影片段"鹦鹉螺号出现"，预测后续情节发展；在欣赏描写鹦鹉螺号的章节片段后，讨论并分享自己对这艘潜艇的疑问或看法；最后，通过阅读目录，分享交流最想阅读的章节，制定阅读计划，认领阅读任务小组。

(二) 推进课1

通过前期阅读调查，对照航行地图，交流印象最深刻的情节。以游戏的形式进行人物特征猜测闯关，加深对人物的理解。

(三) 推进课2

每组认领一个章节的阅读，用便利贴和人物矩阵来深入认识尼摩船长的形象，交流读书感受，并布置下阶段阅读任务。

(四) 交流课

各小组阅读活动任务交流展示。

四、课程实施

本课程将课内外阅读结合起来，学生课内习得方法，课外应用所学的策略自主阅读；活动前制定计划，过程中完成阅读任务，活动后分享所感所得。本课程面向中高年段学生，共4个模块，一周一节课，教学时间累计约14个课时。具体实施方法如下：

(一) 读书笔记法

小学生学习写读书笔记，可重点培养摘录、提纲和心得等样式，训练统整与评价鉴赏能力。要求每位学生每个月至少读一本书,一个月撰写一篇读书笔记。

1. **个人笔记**:要求学生描述读书所引发的个人情感。

2. **想象创新笔记**:鼓励学生身临其境,想象可能发生别的事情,甚至可以更改文章情节。

3. **思辨分析笔记**:要求学生分析和阐述作者的写作手法、意图,并试着做出评价。

(二) 策略迁移法

1. **预测策略**

引导学生根据文本提供的线索预测。教师可用表格的形式进行示范,如通过题目、插图、文本里的线索,对故事的结局、情节的发展、人物的命运等多方面进行预测。

2. **提问策略**

教给学生提问的方法,提更多有价值的问题,如"最好笑的情节是哪一段?""他为什么要这样做?"等,触发"深度学习"。

(三) 交流分享法

儿童阅读反应理论认为,聊书是阅读的一部分。引导学生从不同的视角分享交流、倾听与提问,展示自我阅读成果。

五、课程评价

(一) 积分制评价

1. 以"阅读存折"为载体,用积分的方式来衡量学生学习的阅读水平和进展,将评价与日常阅读行为联系起来,对学生的阅读进行课内外的实时管理(表2-9)。

表2-9

我的阅读存折		
阅读日期	阅读书目	阅读积分

2. 以"阅读存折"累积的积分为依据,设立"阅读直通车"(表2-10),依次晋升对应等级,由老师颁发等级证书。

表2-10 阅读直通车

积分总数	阅读等级	评价
100分	"阅读新星"	
200分	"阅读小能手"	
300分	"阅读小达人"	

(二)过程性评价

教学时,让学生"说来听听",通过各种评价方式引导学生学会对一本书进行交流与倾听。具体评价内容如表2-11所示。

表2-11 "说来听听"评价表

书名:_____ 小组:_____ 姓名:_____

评价内容	评价结果				
	自评☆	同伴评☆	师评☆	家长评☆	总评(总☆数)
我能主动聊书					
我能主动提问					
我能专心倾听					

(三)展示性评价

展示即评价。学生阅读的过程性资料、完成的作品等,由教师、同学共同进行评价,并将其在课室门口的班级电子屏幕进行滚动展示,使学生在直观形象的评价中收获阅读的成功与喜悦。

(撰稿人:翁蔼葵 林菲璜)

第三章
过程性：教师参与课程变革的重点

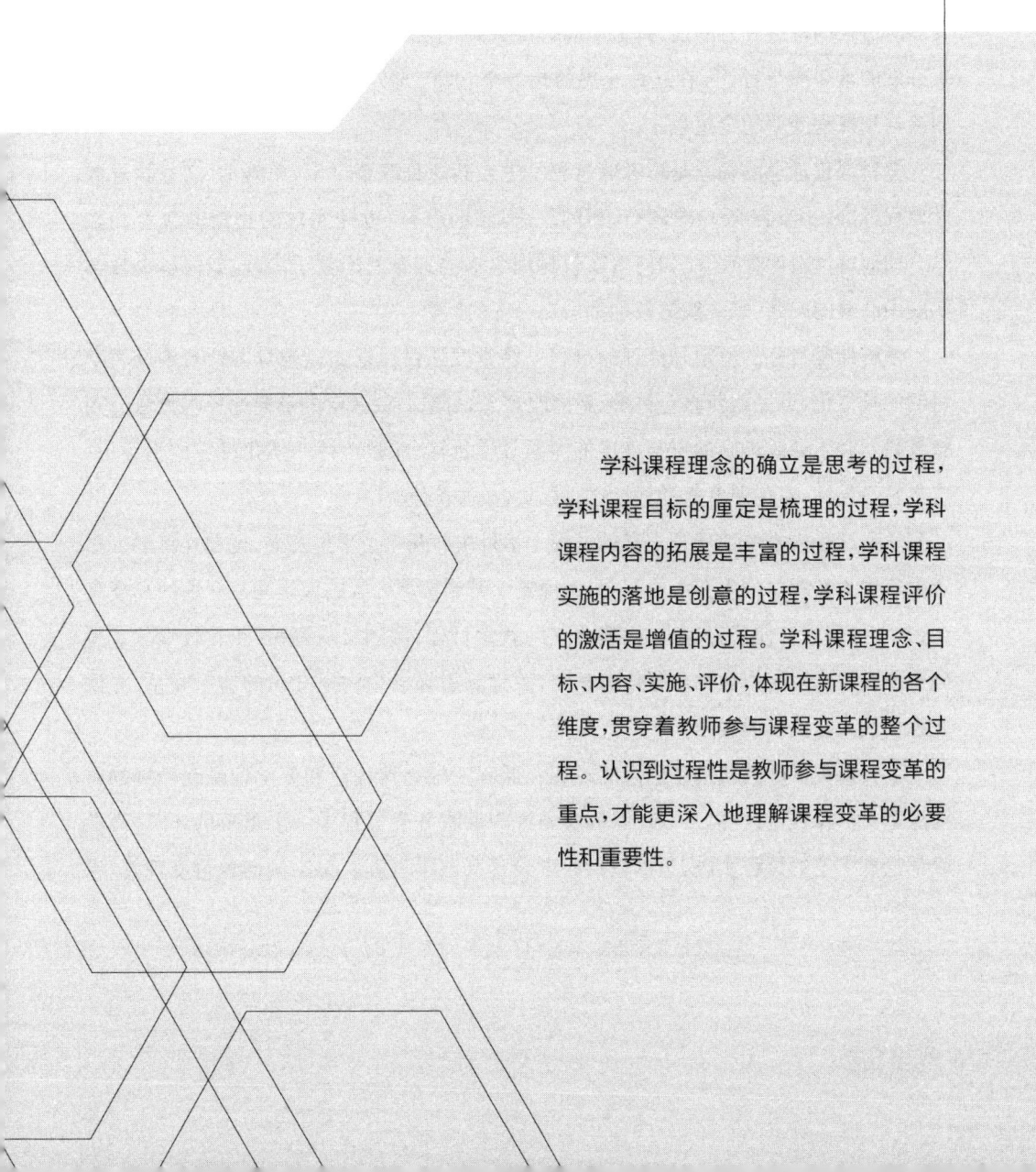

学科课程理念的确立是思考的过程，学科课程目标的厘定是梳理的过程，学科课程内容的拓展是丰富的过程，学科课程实施的落地是创意的过程，学科课程评价的激活是增值的过程。学科课程理念、目标、内容、实施、评价，体现在新课程的各个维度，贯穿着教师参与课程变革的整个过程。认识到过程性是教师参与课程变革的重点，才能更深入地理解课程变革的必要性和重要性。

斯腾豪斯认为，教育的改进还主要依赖教师的参与，教师在教育活动中不断反思，发展对过程的理解和判断能力，他明确提出教师就是研究者，所以在他看来教师是课程开发的重要参与者。① 在这种思想的指导下，我校充分调动老师的积极性，让老师们参与到课程变革的全过程。

学科课程理念的确立是思考的过程。进入新课程改革以来，尤其是《义务教育数学课程标准（2022年版）》的颁布，新的理念，新的教材，教师面对的是新的教育和教学。如何解读新课程理念、如何将新教材理念渗透到自己的教学实践、如何解决教学实践中凸显的问题，是一线的教师都需要思考的问题。

学科课程目标的厘定是梳理的过程。课堂教学目标是党的教育方针政策及教学目的的具体化，也是践行教育科学、新课改理念，打造高效课堂的重要途径与方法。用教育科学和新课改理念厘定与表述的课题教学目标，在教学评一体化思想的指导下，落实教学目标，避免课堂教学目标成为摆设，失去价值。

学科课程内容的拓展是丰富的过程。学科拓展既立足学科发展，也向外拓展。拓展内容作为新教材的重要组成部分，教师要上升到拓展内容的教学功能开发的高度来认识，在拓展内容使用过程中，构建合理的教学目标，做到宏观调控，使其教学效益得到充分发挥。对于内容纵向延伸的拓展，关键是引导学生沟通知识的前后联系，弄清知识由浅入深的发展线索。

学科课程实施的落地是创意的过程。课程实施是课程论和教学论研究领域的重要课题。从课程论角度，可以将课程实施视为课程开发过程中一个重要的环节，而在教学论意义上的课程实施，至少包括教学设计和教学过程。无论从何种角度理解，课

---

① 郜岭.专业技术人员继续教育课程开发研究[M].北京:北京理工大学出版社,2006:38.

程实施都是实现预期课程理想的手段。

学科课程评价的激活是增值的过程。在《义务教育课程方案和课程标准(2022年版)》"教学评"一体化思想的指导下,强调教学评价与教学过程紧密结合,让教学评价成为教学过程的组成部分,将教师的教、学生的学、师生的评相互融合,贯穿教学过程的始终,这才是完整的课堂教学。怎样激活课堂优化教学过程,涉及很多方面的内容,其中激活课堂评价——即在具体的教学过程中,教师个性化、灵活化、多样化的对学生学习状况的评价,是凸出学生学习主体、增强课堂教学效益必不可少的重要方面。

总之,基础教育课程改革的浪潮滚滚而来,新课程体系都较原来的课程有了重大创新和突破。这场改革给教师带来了严峻的挑战和不可多得的机遇,可以说,新一轮国家基础教育课程改革将使我国的中小学教师队伍发生一次历史性的变化。而教师作为新课程改革的主要参与者,经历新课程改革的全过程是很有必要的,教师参与课程改革的过程是课程改革的重点。

(执笔:秦琴)

课程创意 3-1　24 点游戏

适合对象：四至六年级

一、课程概述

24 点游戏是一个传统的算术游戏，就是通过加减乘除等运算，将给定的多个整数算出 24。由于 24 的因数多，解的形式丰富多样，该游戏能充分考验游戏者的反应速度与计算能力。游戏始于何年何月已无从考究，通常通过扑克牌来完成，简单易学，具有娱乐和健脑益智的功能，深受大众的喜欢。

《义务教育数学课程标准(2022 年版)》指出，"数学教学活动，应激发学生兴趣，调动学生积极性，引发学生的数学思考"。同时也指出，"要重视培养学生的计算能力，重视基本的口算训练"。

本课程的理念是"游戏激发兴趣，兴趣提高能力"。数学学习相对枯燥，难度较大，所以学生容易对数学产生畏惧与厌学情绪，给学生的数学学习带来一定的阻力。24 点游戏能寓学于乐，激发学生的学习兴趣。

二、课程目标

1. 掌握 24 点游戏的基本方法和技能。

2. 以数学游戏为载体，调动眼、脑、手、口等多种感官协调活动，提升计算能力和反应能力。

3. 培养数感，提高对四则混合运算的驾驭能力，激发学习数学的兴趣，感受数学的丰富性、趣味性，增强学习数学的内动力。

三、课程内容

24 点游戏是一个以计算为基础的算术游戏，既需要较强的计算能力，也需要适当的方法。计算能力与解题方法都需要学生在游戏中获得,特别是解题方法,需要学生在游戏中认真观察,并归纳总结,选择最好的方法。"24点游戏"课程始终遵循以教师为主导、学生为主体的理念,我们把课程为三个模块。

模块1:学习基本方法和技能(2课时)

一副扑克牌中去除大小王,剩下52张,然后从中任意抽取四张牌(称为一个牌组),用加、减、乘、除法(可添加括号)把牌面上的数算成24。A=1,J=11,Q=12,K=13,不区分花色。每张牌必须用一次,并且只能用一次。用哪种算法、算法用几次,都不限制。可以两人玩,也可以四人玩,游戏形式灵活,可由参与者自行商定,公平即可。

模块2:通过扑克牌游戏提高计算技巧(8课时)

在游戏中学生除了得出答案,还要对牌组进行观察,根据牌组的特点选择适当的方法。小组内部先归纳并总结这些方法,然后小组之间再汇报交流比较,找到最好的方法。24点游戏中牌组是非常丰富的,解法也很多样,其中比较典型的有"3×8"求解、"4×6"求解、"2×12"求解等,但还有很多牌组无法得出24点。我们既需要懂得其中的一些技巧,具备较强的计算能力,也需要获得更多的经验。

模块3:通过游戏比赛拓展数学思维(3课时)

比赛分为个人赛与小组赛,都设置必答环节和抢答环节。必答环节:PPT显示必答题目(10道),每组同时答题,每题时间是30秒,学生写出答案,答对得5分,每多一种方法多加5分。抢答环节:PPT显示题目(20道),抢到答题权后,5秒内必须作答,未作答视为答错,答对一题加5分,答错扣5分。牌组不能得出24点的,说出无解算对。个人赛根据所得分数对前5名进行奖励,小组赛按照分数对小组进行排名,所有小组皆有奖励。

四、课程实施

本课程为拓展类课程,共13课时。教学实施中综合运用差异性原则、自主性原则、鼓励性原则,并将个人活动与小组活动相结合,评比与激励相结合。具体实施方法如下。

（一）讲授教学

讲解 24 点游戏的基本规则和方法，引导学生把握重点，突破难点，注重思维方法，做到恰到好处。

（二）游戏教学

开展各类形式的 24 点游戏，提升学生的计算能力，激发学生的学习兴趣。个人与小组分别进行计算能力的竞赛，激发孩子的好胜心。

（三）探究教学

在游戏中观察发现牌组的特点，根据牌组的特点归纳总结出方法，对多种方法进行比较，找出最好最快的方法，小组内讨论交流，各小组进行展示汇报。让学生经历探索、研究的过程，在活动中思考、交流、评价，体会游戏中的奥秘，以及活动中所蕴含的数学知识，并培养学生克服困难的信心和勇气。

五、课程评价

本课程的评价重视过程和过程中的体验，提供引导学生对自己在课堂中的表现进行自我反思性的评价，增强学生的学习自信心，提高学习兴趣。

（一）过程性评价

每个模块学完后，根据学生在课堂中的表现，采取自评、小组评价及教师评价等方式，用"优、良、合格"三个等级对学生进行评价（见表 3-1）。

表 3-1

评价内容	自评	小组评	教师评
课堂态度认真			
大胆发言交流			
掌握知识程度			
乐于主动分享			

(二) 赛事评价

赛事评价内容如表 3-2 所示。

表 3-2

评价内容	必答环节	抢答环节	总分
个人得分			
小组得分			

(撰稿人:米成双　徐焕华　张焕映)

课程创意 3-2　魅力数独

适合对象：四至六年级

一、课程概述

数独，是一种以数字为表现形式的益智游戏，起源于中国数千年前的河图、洛书；而数独一词起源于日本，意思是"只出现一次的数字"。数独游戏规则简单，容易理解且适合各个年龄段的群体，但其数字排列方式却千变万化，能够全面锻炼人们的观察能力、逻辑思维能力、推理判断能力。

《义务教育数学课程标准(2011年版)》非常重视小学生数学兴趣的培养，提出"提高学习数学的兴趣，增强学好数学的信心"。数独被称为"聪明人的游戏"，将它引入课堂，不仅能有效地引发学生对数学、对数字的兴趣，更是培养数感的有效载体。

本课程的理念是"培养思维能力，感悟数字魅力"。将数独游戏引入课堂，开发学生的智力，锻炼思维能力，提升数学素养，让学生借助趣味的数字游戏领悟数字的神奇魅力。

二、课程目标

1. 了解数独游戏的内容、意义和发展，理解数独游戏的规则和基本解题方法，能熟练完成四宫格、六宫格、九宫格的数独游戏。

2. 在观察、探究和相互交流的过程中，逐步掌握解题方法和技巧，提升语言表达能力、逻辑推理能力、与人合作的能力。

3. 通过有趣的数独游戏，拓宽视野，激发学习数学的热情和兴趣，感悟数字的神奇魅力。

三、课程内容

本课程围绕"数独"这一游戏展开学习活动，从四宫格、六宫格到九宫格，以掌握游戏规则及推理方法和技巧为主,由浅及深,由易到难。课程内容采用模块化设计,突出问题式、探究化学习,为学生"自主、合作、探究"学习开辟广阔的背景和空间,引领学生在活动中感受、体验、感悟。本课程共分为四个模块:数独游戏综述、数独解题技巧、数独综合训练、学习总结,共计18课时。

模块1:数独游戏综述(1课时)

课程实施开始,阐述数独的起源与发展、游戏规则等,系统介绍行、列、宫、单元格等数独专业名词。

数独前身为"九宫格",最早起源于中国。数千年前,我们的祖先就发明了洛书,其特点比现在的数独更为复杂,要求纵向、横向、斜向上的三个数字之和等于15,而非简单的九个数字不能重复。

现代数独的雏形,则源自18世纪末的瑞士数学家欧拉。它是一种运用纸、笔进行演算的逻辑游戏。玩家需要根据9×9盘面上的已知数字,推理出所有剩余空格的数字,并满足每一行、每一列、每一个粗线宫(3×3)内的数字均含1—9,而且不能重复(如图3-1)。

	4	9		3	6	5		
8	7		4	1			9	6
	3	2	7		5		1	8
7		4	2	6	1		3	5
2	5		3		8	9	7	
	1	8	5		9	2	6	4
9		7		2	4			3
	6	3		5	7	1	8	2
5		1	6	8		7	4	9

图3-1 数独示例

模块 2:数独解题技巧(11 课时)

标准数独一般指九宫格,数独的基本类型还包括四宫格、六宫格等初级玩法。本模块将学习四宫格、六宫格和九宫格的具体解法。解数独题主要是运用逻辑与推理,不需要通过计算。数独的解题方法有很多,依据解题填制的过程可分两大类:直观法和候选数法。

直观法就是不做任何记号,直接从数独的盘势观察,推论答案的方法。数独直观法解题技巧主要有:唯一解法、基础摒除法(排除法)、区块摒除法、唯余解法等。

候选数法就是解数独题时先建立候选数列表,根据各种条件,逐步排除每个宫格不可能取值的候选数,从而达到解题的目的。这种方法没有直观法那么直接,需要先建立一个候选数列表的准备过程。所以实际使用时,一般优先应用直观法进行解题,再使用候选数方法解题。

模块 3:数独综合训练(4 课时)

在基本掌握数独游戏的常见解法及技巧后,安排难度呈螺旋式上升的初级、中级、高级和大师级等级别的数独晋级闯关游戏。通过晋级闯关游戏,学生不断认识自我、挑战自我、提升自我,体会游戏所带来的乐趣与成就感,收获自信。

模块 4:学习总结(2 课时)

课程学习的总结包括期末进行的数独解题检测、分组数独竞赛,以及学生交流学习的收获和感受。学生通过以上活动,激发学习兴趣,体悟中国古老的数字文化的魅力。

四、课程实施

本课程共需 18 课时,每周 1 课时,每课时 40 分钟。教学采用多媒体课件、图片资源、数独游戏板、纸质练习材料等,以四至六年级学生为主,以班级为单位开展活动。课程安排教师讲课、学生探究、小组合作、限时训练、趣味竞赛等活动。具体实施方法如下。

(一)启发学习

出示例题后,学生先自主探究如何填数,然后各自交流想法,在这一过程中,教师引导学生总结方法技巧。

(二)合作学习

学生每 2 人为一个小组,在合作探究的过程中,交流各自的推理过程,提高合作学习和表达的能力。

（三）限时训练

总结出方法技巧后,安排学生在规定的时间内完成相应的练习。通过限时训练,促使学生巩固所学的方法或技巧,提高观察能力,培养敏捷的思维能力。

（四）趣味竞赛

开展形式多样的趣味竞赛活动,能极大地激发学生学习的热情和动力,同时也是巩固所学知识、形成技能的一种有效方法。竞赛方式主要有"查数竞赛""填数竞赛""晋级比赛"等。

五、课程评价

本课程的评价要以课程目标和课程内容为依据,体现"魅力数独"的基本理念,提供引导学生对自己在课堂中表现出来的积极性、合作性、认知能力、探究意识、情感态度等方面进行自我反思性评价,增强学习的信心,提高学习兴趣,促进思维的发展,感受数字的魅力。评价表如下(表3-3)。

表3-3

评价要素	评价标准	自我评价 A B C D	小组互评 A B C D	教师评价 A B C D
学习态度	积极主动参与学习,不迟到不旷课。学习目标明确,按时完成任务			
合作意识	能与同学共同学习,共享信息,共同探讨疑难问题			
认知能力	了解数独游戏的内容、意义和发展,理解数独游戏的规则和基本解题技巧,能熟练完成四宫格、六宫格、九宫格的数独游戏			

续表

评价要素	评价标准	自我评价 A B C D	小组互评 A B C D	教师评价 A B C D
探究意识	勤于思考,善于总结和积累,提升思维能力			
情感态度	通过有趣的数独游戏,拓宽视野,感悟数学的魅力			
期末检测	能在规定时间内准确完成给定的数独题目			
数独竞赛	积极参与数独竞赛活动,与组员合作完成活动任务			
评价说明	A为优秀,B为良好,C为合格,D为待合格			
综合评定	自我评价等级		小组互评等级	教师评价等级

(撰稿人:罗小燕　胡敏怡　黄奕如)

课程创意 3-3　七巧王国

适合对象：一年级

一、课程概述

七巧板是我们中国劳动人民的一项伟大创造。19世纪初,七巧板流传到西方国家,被广称为"东方魔板"。李约瑟说它是"东方最古老的消遣品"之一,至今英国剑桥大学的图书馆里还珍藏着一部关于七巧板的书籍——《七巧新谱》。

七巧板具有如此魔力,是因为其中藏有巨大的智慧。七巧板玩得好,玩得精,必定有较强的反应能力、想象能力和动手能力,而这些能力正是学好数学所必备的能力。《义务教育数学课程标准(2011版)》指出,在第一学段中,学生应"能辨认长方形、正方形、三角形、平行四边形、圆等简单图形,并会用长方形、正方形、三角形、平行四边形或圆拼图",这与我们开设本课程的目的不谋而合。

本课程的理念是"巧思巧学,爱上数学"。在游戏活动中,注重培养学生的想象能力和动手操作能力,发展学生思维,提高合作学习的能力。在有层次、有针对性的活动中,增强数学的趣味性,让学生在学中玩、玩中学。

二、课程目标

1. 了解七巧板的来源与发展,认识七巧板的图形与结构。
2. 通过游戏活动,锻炼学生的动手操作能力,培养学生的想象力和创造力,提升学生学习数学的兴趣。
3. 在游戏活动中,培养学生自主探究、合作学习的能力,让中华优秀传统文化融入数学学习中,激发民族自豪感。

三、课程内容

七巧板是中国古代劳动人民发明的一种智力游戏。"七巧王国"的课程内容设置为四个模块,分别为:七巧板的历史发展、结构特点、玩法拼搭、创作展示。

模块1:认识七巧板(2课时)

(一)七巧板的历史

七巧板是一种古老的中国传统智力玩具,是中国古代劳动人民的发明,其历史可以追溯到约2000年前,到了明代基本定型。清代陆以湉《冷庐杂识》卷一中写道:"近又有七巧图,其式五,其数七,其变化之式多至千余。体物肖形,随手变幻,盖游戏之具,足以排闷破寂,故世俗皆喜为之。"

(二)七巧板的发展

七巧板最初的面目是"燕几图"。明朝戈汕依照"燕几图"的原理,又设计了"蝶翅几",由十三件不同的三角形案几组成,拼在一起是一只蝴蝶展翅的形状,分开后则可拼成出一百多种图形。现代的七巧板就是在"燕几图"与"蝶翅几"的基础上发展来的。18世纪传到国外后,立刻引起人们极大的兴趣,并叫它"唐图",意思是"来自中国的拼图"。

模块2:七巧板的基本结构、各板块的特点与联系(2课时)

(一)七巧板的基本结构

七巧板,顾名思义,是由七块板组成,完整图案为一块大正方形、五块等腰直角三角形(两块小型三角形、一块中型三角形和两块大型三角形)、一块正方形和一块平行四边形。而这七块板可拼成1600多种图形,如三角形、平行四边形、不规则多边形,还可以拼成各种人物、动物、文字等。

(二)七块板的图形特点

简单认识三角形、正方形、平行四边形的特点。

(三)各板块的联系

七巧板的7个板块之间是有联系的。两块小三角形可以拼成一块中等三角形、正方形或平行四边形。两块小三角形和一块正方形可以拼成大三角形,两块小三角形和一块平行四边形也可以拼成大三角形等。

模块3:七巧板拼搭(6课时)

看似简单的七巧板,通过不同的组合可以拼搭出上千种图形。课程中,设置不同的、有层次的游戏内容,一步步培养学生的动手操作能力,激活思维。

(一) 基础拼搭

准备一些简易图形,学生先独立用七巧板拼出对应图案。学生之间再合作拼出以下较难的符号图形,说一说思维过程,在游戏中互相启发。

1. 用七巧板拼搭0—9九个数字。

2. 用七巧板拼搭26个英文字母。

3. 用七巧板拼搭各类符号。

4. 用七巧板拼搭学过的平面图形,如长方形、正方形、平行四边形。

(二) 主题拼搭

设定不同主题,学生在相应主题下独立拼搭出与主题相关的图案,比如主题"春天",学生可以自由发挥,用七巧板拼出大树、蝴蝶等图案。同时,可以在同一主题下用不同学生的作品,合成一幅新的作品。

(三) 创意拼搭

学生利用七巧板可独立自由创作,也可以合作拼搭出各类图案,充分发挥各自的想象力。

四、课程实施

七巧板游戏是课堂教学的补充与延伸,与常规课堂教学相比更加生动、有趣,学生学习积极性也会更高。在具体实施过程中,教师除了课前备好课,也应当针对学生的现有情况做出及时调整,不宜内容过难打击学习兴趣,也不宜难度过低对学生没有挑战性。在游戏玩法设置时注意层次性,在学生作品完成时,多让学生动口描述,在交流过程中相互启发,在分享与倾听中取得更多收获。

(一) 作品交流欣赏

在每节课里,展示优秀的七巧板作品,学生相互从作品中获得灵感,互相提高。在小组欣赏中,学生可以从内容、排版、插图、字体等了解优秀作品的范式。

(二) 模仿式学习

七巧板自由拼搭,可以拼出上千种图案。对于空间想象力较弱的学生来说,最好的学习方法是倾听、观察、模仿他人的作品,思维拓宽之后再尝试独立创作。

(三) 举办展览、游戏比赛

多设置展览与游戏类活动,为学生创造展示能力的机会,既可以提高学生的自信心,也可以在活动中交流,总结学习成果。

五、课程评价

本课程的评价要注重过程和过程中的体验,引导学生做到分工明确、合作学习,有积极的自主参与意识和探究意识。注重学生的参与度和体验度、交流时倾听和合作的态度,以及作品完成度,采取自评、小组评价及教师评价等方式,突出评价的激励作用和导向作用。

(一) 过程性评价

根据每节课的主题,学生在课堂活动中的具体表现,班级小组相互评价。评价内容如表3-4所示。

表3-4

第( )组 组长:( ) 组员:( )

分类	评价内容	自评	小组评	教师评
活动情况	参与活动的积极度			
	倾听与合作态度			
活动成果	作品的完成度			

(二) 展示性评价

在主题拼搭或创意拼搭活动中,学生以小组形式参赛,组内自行制定主题,将所学内容有选择地加以呈现,不同的图案,加以简短文字说明,串联成一幅有情节的画面。展示性评价标准如表3-5所示。

表3-5

评价内容	优秀（15—20）	良好（10—14）	合格（5—9）
主题突出(20分)			
版面、布局合理(20分)			
字体规范整齐干净(20分)			
情节合理(20分)			
构思新颖、富有想象力(20分)			

(撰稿人:谢丹莹　李爽　陈小琴)

智美数学 3-4　数字成语故事

适合对象：一至六年级

一、课程概述

我们将汉语成语中带有数字的成语称为数字成语，数字成语是汉语成语的重要组成部分，其中有很多数字成语是从古汉语中逐渐演变而来的。"一诺千金""八仙过海""君子一言，驷马难追"等，这些都是数字成语，每个数字成语都有其由来。

《义务教育语文课程标准(2011年版)》的课程目标与内容强调，要"认识中华文化的丰厚博大，汲取民族文化智慧"，要"关心当代文化生活，尊重多样文化，吸收人类优秀文化的营养，提高文化品位"。让学生了解数字成语，积累一定的成语，领悟其文化智慧，他们将会受益终身。

本课程的理念是"品华夏智慧，修蕴德之人；习古今至理，明处世之道"。学习数字成语故事，不仅能为学生提供文学滋养，而且融汇在成语故事中的智慧、风骨、胸怀和操守都将成为学生学习的重要资源。

二、课程目标

1. 学生通过对数字成语故事的学习，增强对成语的了解，提高他们对成语的运用能力，感悟中国语言文字的魅力。
2. 学生在比赛活动中积累数字成语，学会在生活中积累数字成语。
3. 学生感受数字成语乐趣，体会中华传统文化魅力。

三、课程内容

了解数字成语的表达形式，体会数字成语与一般成语的区别。搜集数字成语以及它们的由来、演变与背后成语故事等，了解并体会这些数字成语的历史、情感、文化。

通过数字成语手抄报大赛、数字成语故事分享会等巩固活动成果,激发学生热爱数字成语、热爱关于数字成语故事的历史文化。

模块1:亲近数字成语——了解数字成语及其表达形式

通过视频教学和教师讲授,让学生了解数字成语的表达形式、数字成语的定义以及与一般成语的区别。数字成语的结构,如 ABCD,大部分数字成语的数字位列 A、C 的位置,如"七上八下""五湖四海"等。数字成语中的数字并不是代表真正的数值,在这里,数值只是虚指,弱化了具体数值的功能,而重在定义某一种属性。

模块2:与成语故事为邻——搜集数字成语的起源以及有关的成语故事

通过学生搜集资料和教师讲授,让学生了解数字成语的起源故事,了解从古到今融汇了历史、军事、文学人物等为一体的数字成语。中华文化源远流长,汉语成语是几千年汉语文化的结晶之一,一个成语里面浓缩了一个生动的故事,包含着许多有益的道理。寥寥几个字的成语,可以表达丰富的意思,可以使说的话或写的文章更加通俗、简洁、生动、有趣。

模块3:我讲小故事——数字成语故事分享会

通过数字成语故事分享会、数字成语故事手抄报展等实践活动,激发学生对数字成语的兴趣。以小组合作学习为基本单位,组织开展比赛活动,在合作活动中学习积累数字成语,了解中国博大精深的文化。

学生以小组形式参赛,组内自行制定手抄报主题,将模块一、二所学内容有选择地加以呈现,图文并茂,兼具知识性和趣味性。根据三个模块的内容学习,开展数字成语故事分享大赛。通过组内分享、班级分享层层选拔。学生掌握数字成语故事以及该成语故事的比喻、含义等,能够准确运用数字成语,能够列举出1—2个数字成语故事,感受成语的源远流长和悠久历史。学生根据自己所选择的数字成语进行角色扮演,班级小组互相评价,对于表现突出的个人或小组采用多元性评价,评出"成语小博士""最佳导演""优秀小演员""成语宣传员"。

四、课程实施

课前准备:多媒体课件(典故视频、故事插图)、小黑板。

教学课时:15课时。

实施方法:小组合作法、故事表演法、作品展示法。

(一) 小组合作法

以小组为基本单位合作学习,组织各类比赛活动,在合作活动中学习积累成语,了解中国博大精深的语言文化。我们现在的小学生积累成语有限,对数字成语了解甚少,说话语言不够简练。把众多的成语分类,让学生通过自己主动自觉参与的小组游戏、调查、小报、探索等形式展示出来。

(二) 故事表演法

在教学过程中,以学生为主体,通过讲数字成语故事、演数字成语故事,激发学生学成语、讲成语、用成语的兴趣。大量具有开放性、趣味性、教育性、参与性的数字成语故事,对学生发展的价值是不可估量的。结合数字成语,让学生去了解背后的数字成语故事,体会中华民族文化的博大精深。

(三) 作品展示法

以搜集数字成语故事、办报等多种形式展示学生的作品,使学生能"欣赏优美、理解智慧、感悟善良、学以致用"。

五、课程评价

本课程采用过程性评价,注重过程和过程中学生的参与度和体验度,引导学生做到分工明确、合作学习。各种评价具体内容如表3-6至表3-8所示。

(一) 赛事性评价——数字成语故事运用大赛

表3-6

评分内容	具体要求	得分
故事分享(50分)	掌握数字成语故事以及该成语故事比喻、含义等	
列举15个数字成语(10分)	要求掌握一定数量的数字成语故事,能够随时说出15个以上	
根据特定的数字组成语(20分)	成语准确,形式正确	

续 表

评分内容	具体要求	得分
数字成语接龙(20分)	例如,根据卷中提示的数字成语(如一石二鸟),学生接龙"三×四×"的形式	
总分		

(二) 赛事性评价——数字成语手抄报比赛

表3-7

评价内容	优秀（15—20）	良好（10—14）	合格（5—9）
内容切合成语演变(20分)			
版面和谐布局合理(20分)			
插图精美花边雅致(20分)			
字体规范整齐干净(20分)			
构思新颖主题鲜明(20分)			

(三) 展示性评价——数字成语故事表演

表3-8 数字成语故事角色扮演评价卡

参评人:＿＿＿＿ 参评日期:＿＿＿＿
我真棒:☆☆☆ 我还行:☆☆ 我要加油:☆

评价内容	自评	小组评	教师评
表演内容准确			
语言表达流畅			
主题别出心裁			

该课程结束后,各小组、各班级、年级、学校召开课程反思总结会。

(撰稿人:陆太羡　陈健峰　黄少敏)

课程创意 3-5　中国数学家

适合对象：五至六年级

一、课程概述

《义务教育数学课程标准(2011年版)》前言部分提到："数学与人类发展和社会进步息息相关，随着现代信息技术的飞速发展，数学更加广泛应用于社会生产和日常生活的各个方面。数学作为对于客观现象抽象概括而逐渐形成的科学语言与工具，不仅是自然科学和技术科学的基础，而且在人文科学与社会科学中发挥着越来越大的作用。"

中国数学的发展和成就，在世界数学史上占有非常重要的地位。我国数学家的伟大成就，不仅是中国人民的财富，还是世界科学的瑰宝。

"中国数学家"校本课程旨在让学生初步了解我国数学家的主要成就的同时，也可以初步了解以下内容：数学发展史、具有里程碑作用的数学成果及重大事件、一些简单的数学思想、数学方法。

本课程的理念是"纵观历史成就，传承民族精粹"。通过本课程的学习，学生能初步了解我国部分数学家的成就，感受数学家的人格魅力，同时增强民族自豪感和民族自信心，从而养成热爱祖国、热爱人民的良好品德。

二、课程目标

1. 初步了解中国数学家的主要成就以及我国数学的发展史。

2. 初步了解一些数学的基本思想方法，感受数学与生活的联系，在学习和生活中应用数学。

3. 开展实践活动，提高数学学习的乐趣，增强民族自豪感。

三、课程内容

本课程的主要内容是初步了解各个历史时期我国部分著名数学家的主要成就,体会简单的数学思想和方法。学生通过搜集数学家的成就和背后的故事,了解并体会这些数学家的成就、影响、人格魅力等。通过"数学家的成就"手抄报大赛、数学家成就分享会等巩固学习成果,激发学生热爱数学学习,增强民族自豪感。

本课程的课程内容由三个模块组成。

模块1:我国数学发展史(4课时)

通过本模块学习,学生可以初步了解我国数学发展史:中国古代数学的萌芽;中国古代数学体系的形成;魏、晋时期数学理论的提高;唐中期以后算法改革;北宋的数学大繁荣;现代数学的发展情况等。

模块2:我国部分数学家及主要成就(7课时)

通过本模块学习,学生可以按年代的先后顺序了解中国部分著名数学家的代表人物及他们的主要成就。任课教师可以选取以下著名数学家:墨翟、刘徽、赵爽、祖冲之、杨辉、秦九韶、熊庆来、苏步青、华罗庚、陈省身、陈景润等,也可以自行选择数学家进行介绍,讲解时要注意详略得当。在介绍数学家个人经历的过程中,可以选择讲解一些符合学生年龄和知识水平的数学思想和数学方法。

模块3:数学家成就分享会(2课时)

活动一:以小组为基本单位,组织开展数学家成就分享活动,在合作活动中学习积累数学家的成就知识。

活动二:以小组为基本单位,开展"数学家的成就"手抄报或PPT展示活动,在合作活动中学习积累数学家的成就知识。

活动说明:如果活动课时时间不够,教师可以适当增加。可以采用课内外结合的方式,如录制讲故事小视频、制作手抄报展板、分享学习感受等多种形式,增加学生的参与度,扩大该课程学习成果的影响。

四、课程实施

本课程共13课时。本课程实施之前应该准备：安排课程内容，做好PPT课件，提供课堂相关图片、视频等，同时也可以利用好各种网络资源。具体实施方法如下。

（一）故事点拨法

学生通过听数学家的故事，了解数学家的生平、主要成就、数学思想，了解我国数学的发展、我国数学家的主要成就，学习数学家的思想方法，增强民族自豪感。

（二）赛事组织法

学生以小组为基本单位进行合作学习，开展各类比赛活动，在合作活动中学习了解数学家的成就，进一步了解中国数学的主要成就。

（三）故事演绎法

在教学过程中，以学生为主体，通过讲数学家的故事、演数学家的故事、搜集数学家的故事等多种形式，调动学生学习本课程的积极性。

（四）展示宣传法

学生通过自主搜集资料，做手抄报，进一步展示学习成果，提高学习的兴趣和积极性。

五、课程评价

本课程的评价要注重过程和过程中的体验，引导学生对自己在课堂中的表现进行自我反思性评价，增强学生的学习自信心，提高学习兴趣，激发学习的动力，促进语言能力的发展。重视师生之间、学生同伴之间对彼此个性化的表现进行评定，进行鉴赏。坚持自我评价和他人评价、个别评价与集体评价相结合，本着以评价促进学生自主学习的目的，使更多的学生得到激励。

（一）赛事性评价——讲故事评选活动

基于前两个模块的内容学习，开展"我讲中国数学家的故事"比赛。学生通过讲故事，了解中国的历史和人物。学生能够讲一个完整的故事情节或者人物介绍，从而感受中国数学家的成就，引发民族自豪感。以下是评分标准（表3-9）。

表 3-9

评分内容	具体要求	得分
主题资料(30 分)	资料紧扣主题,主题鲜明、深刻,格调用心向上,语言自然流畅,富有真情实感	
语言表达(30 分)	要求脱稿,声音响亮,普通话标准,语速适当,表达流畅,激情昂扬,讲究技巧,动作恰当	
形象风度(20 分)	要求衣着整洁,仪态端庄大方,举止自然、得体,体现朝气蓬勃的精神风貌;上下场致意、答谢	
现场感染(10 分)	有较强的现场感染力,能引起评委的共鸣	
整体效果(10 分)	评委根据演讲选手临场表现做出综合演讲素质评价	
总分		

(二) 展示性评价——展示手抄报或 PPT

以小组的形式展示本小组制作的 PPT 或手抄报,并进行讲解,说一说本小组学习的收获。评分标准如下(表 3-10)。

表 3-10

评分内容	具体要求	得分
内容(50 分)	内容合适、排版合理、图文并茂、版面精美	
语言表达(50 分)	吐字清晰,讲解清楚,整体效果良好,富有感染力	
总分		

(撰稿人:秦琴 赵绮琴 陆肖娟)

第四章
整合性：教师参与课程变革的要点

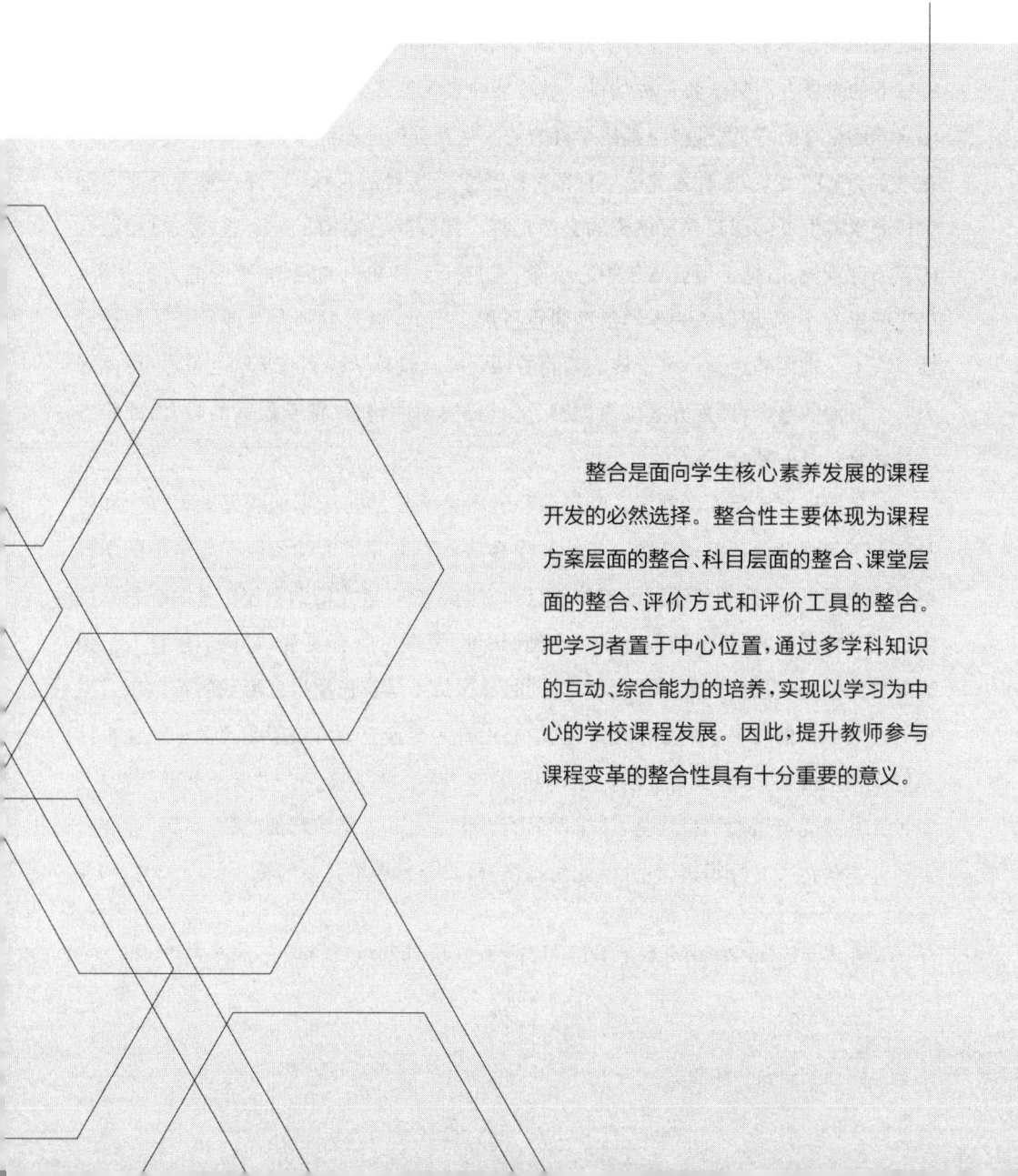

整合是面向学生核心素养发展的课程开发的必然选择。整合性主要体现为课程方案层面的整合、科目层面的整合、课堂层面的整合、评价方式和评价工具的整合。把学习者置于中心位置，通过多学科知识的互动、综合能力的培养，实现以学习为中心的学校课程发展。因此，提升教师参与课程变革的整合性具有十分重要的意义。

培养学生发展核心素养成为新课程改革的基本理念和价值追求。学科领域与素养之间的关系不是一一对应的,所有的领域和学科都有助于多种素养的发展,没有一种素养的发展专门只依赖一种学科。虽然某种素养与某个学科的关系更加紧密,但就该素养的培育而言,该学科与其他学科的关系是互补的。不同学科领域和素养之间存在多重交叉的关系,某种素养的培育很可能是多个学科的目标。[①] 课程整合是面向学生核心素养发展的课程开发模式的必然选择。课程整合建构了一个通、趣、思相结合的新型课堂模式,把学习者置于中心位置,通过多学科知识的互动、综合能力的培养,促进师生合作,实现以人为本的新型课程发展。因此,提升教师参与课程变革的整合性具有十分重要的意义。基于核心素养的课程整合超越学科和跨学科之争,主要体现为几个方面的整合:课程方案层面的整合、科目层面的整合、课堂层面的整合、评价方式和评价工具的整合。

一是课程方案层面的整合。学校课程方案是学校结合国家课程发展大方向和自身特点所勾画的课程整体蓝图。我们要注重将核心素养融入学校课程方案中的学校愿景或章程,以塑造学校课程的整体特点和方向。核心素养借助学校愿景的统领作用渗透进学校课程的目标、结构、内容、实施、评价、管理等所有要素,实现学校育人价值取向层面上基于核心素养的课程整合,同时又保持了学校长期以来形成的特色以及发展的连续性。怡园小学的办学理念是"怡心怡身·至善至美",希望怡园学子能在校园里健康快乐成长,并养成善良的美德,会欣赏美、感受美、创造美。"卓美英语"就是要带领儿童感受英语的语言之美,体验世界的文化之美。丰富多彩的"卓美英语"课程扩宽了儿童的语言交际渠道,打开了儿童的视野,综合发展了儿童的英语运用能力,引领

---

① 安桂清.基于核心素养的课程整合:特征、形态与维度[J].课程·教材·教法,2018,38(9):48—54.

儿童在英语世界里漫游。"卓美英语"课程遵循课程基本定位,以素养为导向,以育人为根本,让学生了解不同文化,比较文化异同,汲取文化精华,逐步形成跨文化沟通与交流的意识和能力,学会客观、理性看待世界,树立国际视野,涵养家国情怀,坚定文化自信,形成正确的世界观、人生观和价值观,为学生终身学习、适应未来社会发展奠定基础,帮助学生成为具有家国情怀、国际视野和一定跨文化沟通与交流能力的时代新人。

　　二是科目层面的整合。科目计划是由学校提供的一系列学科、项目或学程设计,它是学校课程方案的期望和理念向可操作的课程框架的转化过程。科目层面的整合实际上是课程方案层面的整合与课堂层面整合实践沟通的桥梁。基于核心素养的科目层面的整合首要的是从学校课程方案的要求出发,根据学校育人目标所阐发的核心素养,对整合性科目加以整体设计和布局。不同学段、年段、学期的课程整合有必要进行核心素养与课程目标的分析,考虑本阶段的整合课程如何向下扎根和向上衔接,以实现各阶段课程整合的垂直连贯。"卓美英语"课程围绕培养学生了解不同文化,从"动听英语""英语表达""多彩世界""走向世界"几个维度进行课程设计开发,引导学生借助英语这门语言工具了解丰富多彩的世界,形成一个循序渐进的课程系统。为推动英语课程立足核心素养,发挥育人价值,"卓美英语"课程通过"1＋X"课程群建设不断拓展优化,持续进行着有益探索。在国家课程英语的基础上,我们的校本课程创意有"爱拼才会赢""国际节日知多少""品美食探世界""英语歌曲赏析""英文美文朗诵""英文小说趣读""英语电影配音""英语口语角""英语寓言故事""走进世界名校"等。

　　三是课堂组织与实施的整合。课堂层面的课程实践是课程方案和科目计划向学生经验的转化。课程整合在这一层面上体现为以主题/单元教学的方式所展开的学习活动设计。具体而言,基于核心素养的课堂层面的整合要求以主题或单元作为课程开发的基本单位,作为课时计划的背景条件,以核心素养为指引,展开学习的情境、协同、支架、任务、展示和反思等要件的设计。以主题或单元教学为样态的课堂层面的整合有助于改变课时主义和以知识点为中心的教学,推动课堂转型和教学变革,促进学生核心素养的发展。《义务教育英语课程标准(2022年版)》指出,"英语教学设计与实施要以主题为引领,以语篇为依托,教师通过学习理解、应用实践和迁移创新等活动的设计,引导学生整合性地学习语言知识和文化知识"。"卓美英语"课程将以主题为引领,语篇为依托,学生能围绕主题表达个人观点和态度,解决真实问题,发展核心素养。教师以学生为主体,引导学生围绕主题学习语言、获取新知、探究意义、解决问题,逐步从基于语篇的学习走向深入语篇和超越语篇的学习。

四是评价方式和评价工具的整合。素养评估所要考察的是学习者在因应复杂生活情境需求时知识、能力和态度的整合表现。因而在实践中无法只依赖标准化的纸笔测验或行为检核等单一的评价标准和工具展开评价。核心素养的学习评估需要在具有现实意义的问题情境中,在学生运用自己所学的知识解决与现实情境相似的真实任务过程中,对学生在任务处理中所展现和证明的行为品质和作品表现做出评价。[①]"卓美英语"课程不仅仅采用纸笔的方式进行评价,也注重形成性评价,倡导问题解决为导向的学习智能培养,开展从探究活动、口头描述、课本剧表演、小组活动等多种评价方式,鼓励学生采用自主、探究的学习方式进行深度学习。

新课程改革明确提出课程资源的丰富性和多样性,要求打破唯书本的课程资源观,教师要充分利用自然、社会、生活等方面资源整合开发出多样化、生活化、时代化的课程。教师不再仅仅是教材的执行者,而是直接建构者和参与者,教师要加强对教材的研究,对教材中相通的知识点加以梳理、整合,重组各种课程要素,使分化了的教学知识形成有机联系,再融合为整体。

(执笔:唐晓琦)

[①] 李学书.基于核心素养的课程整合设计研究——IB跨学科课程的经验与反思[J].当代教育科学,2020(5):13—19.

课程创意 4-1 爱拼才会赢

适合对象：一至三年级

一、课程概述

根据《义务教育英语课程标准（2011 年版）》语言技能分级标准，二级语言技能包含"能根据拼读的规律，读出简单的单词"。拼读能力是架起英语从听说到读写的桥梁。当英语的音、形、义三者结合起来时，孩子进行自主阅读的神奇之门也就打开了。孩子学习自然拼读法之后，能通过字母或字母组合的音形对应规则，对书面的单词进行解码，再把单个音素组合起来，从而拼读出整个单词，这就是自然拼读。自然拼读是符合儿童认知规律和语言学习规律的方法，是孩子在英语启蒙阶段不可或缺的知识和技能。自然拼读能有效提高孩子的单词识别能力和阅读能力，提升阅读兴趣。

本课程的理念是"争做拼读达人，享受英语阅读"。本课程注重培养学生的音素意识，引导学生熟练掌握字母和字母组合的音形对应关系、解码和拼读技巧，提升阅读技巧和能力。学生系统地学习自然拼读知识，在阅读中反复实践，并将其内化成阅读能力，这是一个循序渐进的过程，学生在探索中学习与尝试，从而体会学习英语的快乐。

二、课程目标

1. 培养音素意识，掌握英语字母和字母组合的音形对应关系。
2. 掌握英语拼读技能，发展解码能力、拼读能力、英语自主阅读能力。
3. 体会英语学习的快乐，提升学习英语的信心和兴趣。

三、课程内容

"爱拼才会赢"课程教授的不仅是知识，更是学生可以迁移运用至生活、阅读等方面的技能。自然拼读学习主要包含以下几个方面：音素意识培养、26 个字母发音规律、CVC单词拼读训练、高阶双元音/双辅音发音规律、拼读绘本阅读等。统筹规划和安排后,"爱拼才会赢"课程内容由四大模块构成。

模块1:以听导学

此模块是"爱拼才会赢"的预备模块,正式进入拼读学习前,学生需要通过"磨耳朵",即听大量的英语音频资源,熟悉接下来将学习的自然拼读知识。学生首先需要建立良好的音素意识,对于英语单词中音素的分解和合成要具备潜在的能力和语感。因此以听导学显得尤为重要,这是课程的基础,也是课程顺利实施的保障。

模块2:字母之声

要学习自然拼读,要做到能拼、爱拼,学生首先得认识26个字母,认知其形及其名。26个字母的发音是学习自然拼读的基础。学生要准确地知道每个字母的发音、朗读4—5个包含该字母的单词。在此阶段,另外一个很重要的内容是解码能力的培养,学生在老师的引导下尝试解码单词的音素,将一个完整的单词发音分解为单个音素,"分解—合成"的不断训练有助于下一模块的拼读学习。

模块3:快乐拼读

学生熟知26个字母的发音后,可以正式开始学习拼读。拼读从简单的CVC单词开始,即从"辅音—元音—辅音"结构的3字母构成单词开始。本模块的学习可以根据5个元音分为5部分,每个元音与不同的辅音构成新的组合。以字母a为例,第一部分的拼读学习内容包括at、ap、ab等。除此之外,英语中有很多常见的元音组合及辅音组合,如oa、ee、a_e、ck、tr等,因此在此阶段还会加入字母组合学习,学生得以拼读更多、更难、更长的单词,为模块4的阅读做铺垫。

模块4:以拼促读

阅读是语言学习中必不可少的一环,而英语非学生母语,小学阶段的英语阅读入门尤其艰难。本课程教授的拼读知识应该被发展为技能或能力,成为学生英语阅读的翅膀。本模块的主要目标便是借助解码型绘本,引导学生利用拼读知识和能力阅读英语绘本。

四、课程实施

学生爱"拼"才会读,爱"拼"才会赢。听、唱、说、练、认、拼、读、写,在自然拼读课程的实施中都不能少。课程的实施从一年级下册开始,延续至三年级,不局限于校内课堂形式多样的拼读学习活动及课程,学生在校外也可利用教师提供的资源补充学习。

(一)歌曲听唱

英语学习应当从语言输入开始,有旋律、有节奏的英语歌曲往往是少儿英语学习的法宝。本课程的初始阶段,学生坚持利用英语自然拼读相关歌曲磨耳朵,提前熟悉后续知识,可以提高学习效率。课程中期,教师亦可布置歌曲听唱作业,巩固课堂所学内容。

(二)小诗听读

除了英语歌曲,节奏感强的英语小诗也是难得的学习资源。有趣的画面、简洁的语言,配上"动次打次"的节奏,读起来朗朗上口,学生多听几次便可以记下来。自然拼读的很多规律都可以通过朗读小诗的方式使学生潜移默化地掌握,在课程的前、中期阶段可以充分发挥小诗的作用。

(三)拼读比赛

比赛形式可以促进学生学习爱拼才会赢课程的积极性,教师根据课程进度,可以在不同阶段设置不同的比赛内容:课程初期——拼读小诗朗读比赛、拼读歌曲咏唱比赛;课程中期——"辅元辅"单词拼读能力比赛、听音写词比赛;课程后期——拼读绘本阅读比赛、长难词拼读比赛等。

(四)绘本阅读

学习拼读后,学生需要将拼读技能转换为解码能力及阅读能力,教师根据课程进度,适当时机开始引导学生解码拼读词组、短句,再挑选难度适中的绘本,利用SPP早期英语阅读入门教学模式等授课,引导学生阅读绘本,体会阅读的快乐。

五、课程评价

本课程的评价分为两个部分:过程性评价与总结性评价。

(一)过程性评价

本课程注重学生在学习过程中的表现,引导学生对自己在课堂中的表现进行自我反思性评价。本课程的过程性评价主要以评价口语表现为主。根据自然拼读学习的步骤,阶段性地对学生的口语表现进行评价,即学生看字母发音、见词拼读出单词、自主解码阅读句篇的口语表现。具体评价形式可以是师生评价、生生互评、小组互评等。表4-1是评分标准。

表4-1

评分内容	具体要求	得分
准确性(40分)	根据发音规律准确朗读所给内容	
速度(20分)	迅速地解码并朗读所给内容	
流畅度(20分)	流畅地朗读所给内容	
完整性(10分)	完整地朗读所给内容,没有遗漏	
综合表现(10分)	语音语调优美,自信大方地朗读所给内容	
总分		

(二) 总结性评价

本课程的总结性评价采取激励性评价方式(表4-2),教师根据学生的课程学习综合表现颁发荣誉称号,旨在增强学生的学习自信心、提高学习兴趣、激发学习的动力,促进学生语言能力的发展。

表4-2

评价内容	具体要求	得分
平时表现(50分)	能认真、积极地参与平时学习并按时完成作业	
最终检测(40分)	能准确、流畅地朗读最终检测内容(词、句、篇)	
其他加分(10分)	语音语调优美,自信大方地朗读所给内容等	
总分		

85分以下:潜力之星
85分—89.5分:拼读能手
90分—94.5分:拼读达人
95分及以上:拼读之星

(撰稿人:佘欣然　顾丽珠　张颖)

课程创意 4-2　国际节日知多少

适合对象：六年级

一、课程概述

《义务教育英语课程标准(2011年版)》提出，"英语教育应做到人文性与工具性并重，使学生在英语学习过程中既能够发展综合语言运用能力，又能够学习如何处理人与人、人与社会、人与自然的基本关系，发展跨文化意识，增进国际理解，提高人文素养，为终身学习奠定基础"。

节日，是指生活中值得纪念的重要日子。各民族和地区都有自己的节日。而国际节日是不同国际组织提议设立的纪念日，目的在于引起世界各国对日益增长的人类健康问题、社会问题及自然环境问题等的重视，唤醒公众意识，并动员世界公民们为改善现状而举行各种纪念活动。国际节日的设立体现了人类发展的相互依赖性和共同价值。

本课程的理念是"了解国际节日知识，培养世界公民意识"。本课程将带领学生对国际节日的名称、由来、目的及意义进行初步了解。这有助于学生领悟世界文化的多样性和丰富性，拓展国际视野，逐步提升跨文化沟通能力，树立人类命运共同体意识，成长为有文明素养和社会责任感的人，以世界公民的姿态参与各项公益活动。

二、课程目标

1. 了解具有广泛世界影响的国际节日，能准确说出节日的英文名称，能用简单的句子介绍节日相关知识，如节日起源、设立宗旨、纪念活动、节日意义等。

2. 感受并理解国际节日所体现的人类发展的相互依赖性和共同价值，树立人类命运共同体意识。

3. 围绕国际节日主题，充分利用社会资源，以世界公民的姿态参与社会公益实践活动。

三、课程内容

课程按照不同的主题分成三个模块,依次介绍关注人类健康的节日、关注人文关怀的节日和关注自然生态的节日。

模块 1:关注人类健康的节日(5 课时)

世界睡眠日(World Sleep Day),3 月 21 日,刚好是每年春季的第一天。该节日的由来是,世界卫生组织调查发现,全球 27% 以上的人有睡眠问题,这极大地危害了人们的身体健康。设立世界睡眠日的目的是要引起人们对睡眠重要性和睡眠质量的关注。

世界卫生日(World Health Day),4 月 7 日,设立宗旨是希望引起世界各国对卫生问题的重视,并动员大家关心和改善当前的卫生状况,提高人类健康水平。

世界无烟日(World No Tobacco Day),5 月 31 日,烟草危害是世界上最严重的公共卫生问题,世界卫生组织发起设立世界无烟日,是为了提高人们对烟草危害的认识。

世界爱眼日(World Sight Day),每年 10 月的第二个星期四,节日的设立目的是唤起全球重视盲症、视力损害以及视力受到损害者的康复问题。

世界糖尿病日(World Diabetes Day),11 月 14 日,一是为了纪念对糖尿病治疗做出巨大贡献的加拿大医生弗雷德里克·班廷(Fredrick Banting)和查尔斯·贝斯特(Charles Best),二是提醒大家重视糖尿病的防治。

模块 2:关注人文关怀的节日(5 课时)

国际儿童节(International Children's Day),6 月 1 日,呼吁要让儿童受到特别的保护,要救济穷苦的儿童,避免儿童从事危险的工作等。

国际青年节(International Youth Day),8 月 12 日,其历史意义是号召全世界的革命青年坚决起来反对帝国主义,现在的活动则是为了进一步增强青年参与决策进程的能力。

国际妇女节(International Women's Day),3 月 8 日,是为庆祝妇女在经济、政治和社会等领域做出的重要贡献和取得的巨大成就而设立的节日。

国际老年人日(International Day of the Elderly),10 月 1 日,旨在促进国际社会

关注人口老龄化问题。

世界残疾人日(World Disabled Day),12月3日,旨在促进人们对残障问题的理解和动员人们支持维护残疾人的尊严、权利和幸福。

模块3:关注自然生态的节日(5课时)

世界森林日(World Forest Day),3月21日,目的是加强对所有类型森林的可持续管理和养护。

世界水日(World Water Day),3月22日,其主题为"珍惜水、爱护水",宗旨是唤起公众的节水意识,加强水资源保护。

世界环境日(World Environment Day),6月5日,这是"联合国人类环境会议"开幕式的日子,其意义在于提醒全世界的人们注意全球环境状况的变化,以及人类活动对环境造成的危害,要求联合国系统和世界各国政府在每年的这一天开展各种宣传纪念活动,以强调保护和改善人类环境的重要性和迫切性。

世界防治荒漠化和干旱日(World Day to Combat Desertification),6月17日,旨在进一步提高世界各国人民对防治荒漠化重要性的认识,唤起人们防治荒漠化的责任心和紧迫感。

国际减轻自然灾害日(International Day for Natural Disaster Reduction),10月的第二个星期三,借此在全球倡导减少自然灾害的文化,包括灾害防治、减轻和备战。

四、课程实施

课程实施之前应该准备:安排课程内容,做好PPT课件,提供课堂活动和相关图片、视频等。本课程共15课时。具体实施方法如下。

(一) 小组合作学习

通过小组合作学习,在课前查找资料,了解更多节日背景和相关知识。

(二) 展示性学习

学生以小组形式,在课堂上借助PPT和视频图片进行展示,从而让学生对国际节日的由来、公益活动的宣传以及民众意识的提高和参与等形成更直观的了解。

(三) 实践性学习

充分运用地方资源,积极与当地机构联系,组织学生参与实践,如水资源的勘测、污染源的调查,或让学生亲自参与公益活动的策划和宣传。

五、课程评价

本课程的评价要注重过程和体验,引导学生对自己在课堂中的表现进行自我反思性评价。坚持自我评价和他人评价、个别评价与集体评价相结合,评价以促进学生自主学习为目的,使更多的学生得到激励。

(一) 交流与展示评选活动

将学生进行分组,四人一组,每组负责一个节日的资料收集和课件展示,以资料的丰富性、课件的明确性以及展示的流畅性等进行自评和互评(表4-3)。

表4-3 汇报展示评价

评分内容	具体要求	自评	他评
节日资料(40分)	资料紧扣主题,内容全面,涵盖节日的起源、日期、相关活动等信息		
语言表达(30分)	要求脱稿,声音响亮,英语发音清晰,语速适当,表达流畅		
形象风度(20分)	要求衣着整洁,仪态端庄大方,举止自然得体,体现朝气蓬勃的精神风貌;上下场致意,答谢		
现场效果(10分)	有较强的现场感染力,能引起听众的兴趣		
总分			

(二) 社会实践活动的评价

以小组为单位,选择感兴趣的一个节日,充分利用社会资源,参与社会实践活动,学生从以下三方面进行自评和互评(表4-4)。

表4-4 社会实践评价

评分内容	具体要求	小组自评	教师评
活动前的策划(30分)	1. 主题和目的明确 2. 内容和方式清晰 3. 安排和实施合理		
活动中的参与(40分)	1. 尊重他人 2. 团结合作 3. 分工明确 4. 积极参与		
活动后的感悟(30分)	认真反思与总结		
总分			

（撰稿人:岳红云　张慧冬　王晓芝）

课程创意 4-3　英文美文朗诵

适合对象：五至六年级

一、课程概述

依据《义务教育英语课程标准(2011年版)》，基础教育阶段英语课程的总体目标为培养学生的综合语言运用能力。本课程通过让学生关注经典诵读内容，提高学生基本英语素养。课程搭建一个英语美文朗诵的平台，平台可提供美文、诗歌、童谣等多种类型的诵读材料，不同层次的学生可以选择适合自己认知水平的内容进行诵读。

本课程的理念是"热爱诵读，感受其美"。通过这门兴趣课程的学习，培养学生良好的语感，鼓励其根据自己的理解和实际经验尝试翻译美句，让学生富有感情地朗诵美文，从而更加热爱英语这门学科。

二、课程目标

1. 在语言技能方面，能够正确朗读美文，能借助图片读懂，养成按意群朗读的习惯，并能在口头表达中做到发音清楚，语调自然。

2. 在语言知识方面，能了解单词有重音，句子有重读、连读、节奏、停顿和语调的规律。

3. 在情感态度方面，能增强说英语的自信，培养发现美的能力，提升人文素养。

三、课程内容

学校课程应培养学生的基本英语素养，首先关注听说读写的技能，注重英语的实际应用，并聚焦英语学科核心思维，培养跨文化交际能力。本课程选材内容尽量贴近生活。通过朗读、背诵英语美文、诗歌、童谣等，让词汇和语法、语言的节奏韵律和作者的情感意趣，自然地浸润到学生的内心深处，使其在不知不觉中感悟、熏陶和培养语感。同时,本课程让学生从模仿开始,锻炼口语,重在养成其较为地道的语音语调;方法上结合视、听、说、唱、演等,以直观形象为主,寓教于乐。

以学生的兴趣为根本出发点,围绕课标注明的话题,并紧密结合教材主话题,本课程内容分成三大模块:一是认识自己,热爱生活;二是珍惜身边的人——家人和朋友,做个孝敬父母和善待朋友的人;三是了解中西方文化,对中国文化有更深的理解,同时初步形成跨文化交际能力,培养开放、包容的意识和态度。选材方面,可用朗朗上口的经典童谣、优美诗歌以及富有寓意的小故事来丰富教学资源,让学生深入感受英文之美。具体安排如下。

模块1:认识自己,热爱生活(6课时)

我们每个人都是世界上独一无二的,无可替代的,我们都有自身的价值。我们应该增强自信,热爱生活,用积极阳光的心态来拥抱生活和学习。针对模块1的内容,选用如下话题的美文:

- Know myself(认识自我)
- My daily routine(我的日常生活)
- Keep healthy(保持身心健康)
- You are special(独一无二的你)

模块2:珍惜家人和朋友(4课时)

父母是我们生命的依靠,朋友是我们生命的陪伴,让我们善待家人和朋友,珍惜亲情和友情,我们的生活会变得熠熠生辉。针对模块2的内容,选用如下话题的美文:

- My family(我的家庭)
- Friends(朋友)
- School life(学校生活)
- Colorful activities(丰富多彩的活动)

模块3:了解中西方文化,拓展文化视野(4课时)

通过接触英语国家的历史地理、风土人情、传统风俗等,能更好地了解另一种文化;通过对比中外传统文化,加深对中国文化的理解,开拓国际视野。针对模块3的内容,选用如下话题的美文:

- Chinese traditional festivals(中国传统节日)
- Foreign festivals(外国节日)

- Different clothes and customs(不同的服饰和习俗)
- My great motherland(伟大的祖国)

四、课程实施

本课程为拓展类课程,每周 1 节,主要教授对朗诵感兴趣、有一定词汇量的学生。通过师生共诵、同悟,将研、诵、赏三者相结合,力求做到教学相长。具体实施方案如下。

(一)聆听和感知美文

每学一篇新的美文,学生将在轻柔的背景音乐声中静下心来倾听录音,初步感知美文;鼓励学生大胆尝试逐句翻译,只有较好地理解文章内容,才能更好地体会文章之美。

(二)抓好课内外的朗读

1. 跟录音读:坚持每节课安排听读录音的环节,培养正确的语音、语调和语感,训练模仿能力和表达能力。

2. 采用教师示范、优秀学生示范、学生自由朗诵、小组合作学习的方式来实操朗诵。

3. 做到让学生大声读,认真读,反复读,最终达到富有感情地流利朗读。

(三)汇报展示

1. 课上展示:采用单个学生朗诵、师生朗诵、生生朗诵的形式,适当结合多媒体配合朗诵,鼓励学生到台前来展示自己,培养其自信心,同时营造一种良好的朗诵氛围。

2. 视频展示:建立美文朗诵学习群,学生在群里分享自己的朗诵视频,辅之以肢体语言和优美的音乐。

3. 公众号展示:有条件的情况下,可以收集学生的优秀展示视频,分享到建立的公众号中,扩大课程的影响力,让更多的学生和老师欣赏英文美文朗诵之美。

(四)背诵比赛

以计时的形式,看看哪位学生可以在最短时间内以最快、最流利的速度将文章背下来,其目的有二:一是督促学生课下也要花时间去读、背这些美文,将其牢记于心,让这些美文去激励自己前行;二是培养学生的语感。

五、课程评价

评价理念：以激发学生兴趣，培养自信心，提升其对美好事物的理解和欣赏为核心理念，通过自评、他评、集体评价相结合的过程性评价，引导学生对自己在课堂中的表现进行自我反思和评价，使更多的学生得到激励，让更多的学生学有所获。

评价方式：评价采取过程性评价和展示性评价相结合的方式，分别占30%和70%。

（一）过程性评价

过程性评价主要体现在听课专心度和积极举手回答问题这两方面，凡是专注度高被表扬，以及积极思考并举手回答问题者，均可在行为量化表上加1分。

（二）展示性评价

展示性评价包括台上富有感情地朗诵、视频朗诵和限时背诵等几个方面，评价内容比较多元化，主要是为了促进学生个人发展，评价得分表见表4-5。

表4-5 展示性评价得分表

姓名	语音语调 20分	流畅度 20分	声情并茂 20分	眼神交流 20分	背诵时间 20分	总分

将过程性评价与展示性评价有机结合，学期末按得分高低进行排名，取前十名者，授予"最佳英文朗诵者"的光荣称号。

（撰稿人：黎颖　林婧　戴虹）

课程创意 4-4 英语口语角

适合对象：五至六年级

一、课程概述

根据《义务教育英语课程标准(2011版)》，义务教育阶段英语课程的总目标是"通过英语学习形成初步的综合语言运用能力，促进心智发展，提高综合人文素养"。其中，二级语言技能目标包含"能就熟悉的个人和家庭情况进行简短对话，能运用一些最常用的日常用语以及能就日常生活话题作简短叙述"。

本课程的理念是"快乐英语，快乐生活"。本课程以提高英语学习兴趣、增强口语表达能力为出发点，给孩子创设更多的交际语境，提供一个提高英语口语技能的平台，营造健康向上、积极进取的英语学习氛围。

二、课程目标

1. 能用英语就日常生活话题进行简单交流，能理解和掌握相关词汇和句型，增强英语学习兴趣。
2. 通过表达看法和小组讨论，培养倾听、表达能力，以及人际交流素养。
3. 形成敢于开口说英语的习惯，增强英语表达时的自信心。
4. 培养良好的语音、语调和一定的语感，为进一步学习打下基础。

三、课程内容

学生在特定的语言环境和氛围中围绕给定的话题，体验真实的口语交际，进行问答与沟通。本课程共12课时，口语话题如下。

模块1：Make friends(2课时)

本模块作为口语角启动的破冰活动，通过自我介绍展示自己的爱好、特长以及好朋友来进行互相了解。可以切入的话题有以下 3 个：

Question 1. Introduction

Question 2. What's your hobby/favourite weather/...?

Question 3. What do you often do with your friends?

模块 2：Festivals(2 课时)

本模块是破冰之后的模块，以节日为话题，从了解的节日、怎样庆祝节日和讨论中外节日不同之处等几个方面来交流认知，分享节日经验，感受中外文化差异。

Question 1. Can you list some Chinese festivals?

Question 2. How about some festivals in foreign countries?

Question 3. Can you tell me how to celebrate one of these festivals?

模块 3：Animals in danger(2 课时)

本模块是基于高年级课本话题的一个拓展。让孩子交流他们所了解的濒危动物知识，探讨动物保护的办法，提高环保意识，激发孩子探索和拓展课外知识的兴趣。

Question 1. What animals in the world are in danger?

Question 2. Why are they in danger?

Question 3. What can we do to protect them?

模块 4：Favourite film(2 课时)

本模块是基于孩子喜欢的电影为话题，可以从电影的类型、文化差异和观后感等角度来讨论。

Question 1. What English film have you seen?

Question 2. Can you share your favourite film?

Question 3. What can you learn from the film?

模块 5：Sports(2 课时)

本模块是孩子身边话题感很强的主题，可以通过介绍自己知道的运动、自己擅长的运动以及喜欢的运动这几个角度来探讨和交流，从中体会英语表达的快乐，了解运动的意义。

Question 1. Do you think sports are important?Why?

Question 2. What sports do you know?

Question 3. What sports are you good at?

模块 6：Favourite food(2 课时)

本模块是实践探索交流活动,以孩子喜爱的美食为切入点。通过动手制作美食,现场讨论不同食物的口味、制作过程、中外美食差异、个人口味偏好等,让孩子在口语话题驱动下主动学做食物,在享受美食中互相交流,在竞赛中主动学习语言。

Question 1. Can you tell some delicious food in China?

Question 2. Can you tell me some different tastes from different countries?

Question 3. Can you talk about your favourite food?

四、课程实施

本课程实施时,课程前要准备好相关话题的 PPT 课件、图片、视频、游戏活动需要的工具等。活动实施时,以主题为中心,围绕主题每次活动期间加入一些舞蹈、音乐和小游戏等活动激发兴趣,拓宽视野,提升思维,营造气氛。在主题探讨之后进行小结、整理现场。

本课程共 12 课时。主题探讨具体实施方法如下。

(一) 讨论教学法(模块 1：Introduction、模块 5：Sports)

3 到 4 人组成学习小组,按照主题的内容,就与主题相关的问题在小组里展开讨论和交流,再按组进行陈述和表达本组的观点,教师适当给予指导。在交流过程中学会与主题相关的句型以及表达方式,同时学会聆听,增强表达能力,学会团结协作。

(二) 视频教学法(模块 4：Favourite film)

视频可以刺激感官体验,教师提前准备适合学生观看的视频,通过收看喜欢的电影视频,了解英语文化和口语常用表达。可以选择《狮子王》《老友记》等短小精悍的经典剧目,除了播放整部影片,更有效率的方式还可以有选择地截取视频片段。在播放后,引导学生能够回答视频中的相关问题或进行情景表演。

(三) 实践活动(模块 3：Animals in danger、模块 6：Favourite food)

在实践活动前,学生先掌握有关的语言知识,然后在实践活动中灵活运用知识,在活动结束后做出总结。相比传统的课堂,通过有趣的活动实践,能够细致深入,全面体验,激发学生学习的主动性,发挥学生学习的主体作用,理论教学和时间运用融为一体,充分利用和创造各种有利时机使学生主动学习、研究探索,在活动实践中不断地探索、改进。

(四) 游戏教学法(模块 2：Festivals)

通过图片、舞蹈、音乐、视频等方式向学生展示各国节日风俗和特点进行竞猜,寓教于乐,将游戏与教学巧妙地结合在一起。游戏教学法符合学生的生理和心理特点,做游戏可激发学生学习兴趣,使学生注意力集中,让学生不知不觉地主动学习,在轻松愉快的氛围中学习,提高课堂效果,同时在对比中能够更加强烈地感受到不同国家的节日、风俗以及文化差异。

五、课程评价

本课程的评价采用过程性评价,注重过程和过程中的体验,增强学生的学习自信心,重视师生之间、同伴之间对彼此个性化表现的评定,坚持自我评价和他人评价、个别评价与集体评价相结合,本着以评价促进学生自主学习的目的,使更多的学生得到激励。

从多角度进行评价,小组讨论时,个人互相评价部分侧重语音语调以及流畅度的口语表达评价；小组展示时,侧重从内容和团队合作、创新亮点来评价。

评价标准如下(表 4-6)。

表 4-6　个人评价重点

Items	Assessment contents		Scores			
Speaking (口语表达)	Pronunciation & Intonation (语音语调准确)	3	5	7	9	10
	Fluency & Speaking loud/clearly (语言流畅,声音清晰)	3	5	7	9	10
	Correct grammar & perfect expression (语法准确,表达完整)	3	5	7	9	10
	Appropriate length & behaviors (长度恰当,举止得当)	3	5	7	9	10

续 表

Items	Assessment contents	Scores				
Content （内容）	New or sharp ideas （观点新颖独到）	3	5	7	9	10
	Interesting & sufficient information （选材有趣有效）	3	5	7	9	10
	Perfect design （设计精当）	3	5	7	9	10

小组评价重点

Items	Assessment contents	Scores				
Cooperation （合作互动）	Teamwork in performance （协作意识强）	3	5	7	9	10
	Interaction with others （有效互动）	3	5	7	9	10
Creativity （创新或亮点）	Creative performance （创新表现）	3	5	7	9	10

（撰稿人：陈威如　周丽琴　陈华）

课程创意 4-5　走进世界名校

适合对象：三至六年级

一、课程概述

《义务教育英语课程标准（2011年版）》明确阐述了小学英语的课程性质，说明了英语课程的学习，既是学生通过英语学习和实践活动，逐步掌握英语知识和技能的过程，又是他们陶冶情操、拓展视野和提高人文素养的过程。英语学科不再是简单的工具性课程，而是一门工具性与人文性相结合的课程。

大学是学术的殿堂，它既是人生求学的重要阶段，也是很多人在学业上努力的目标。随着世界全球化和信息化的不断深入，学生萌生了对名校的崇拜与渴求，尤其对世界名校充满了好奇。但小学阶段了解世界名校的机会较少，为此，我们希望能够通过"走进世界名校"这门课程，在孩子们稚嫩的心田洒下渴求知识的种子。

本课程的理念是"了解世界名校，感受多元文化，拓展国际视野，树立远大目标"。课程致力于让学生在将来更好地与世界接轨，抓住机遇，应对国际化的挑战。因此，开设该课程对培养孩子的全球视野和作为世界公民的责任感具有积极的意义。

二、课程目标

1. 对目前世界著名大学有初步的认识，包括世界排名、办学特色、建校历史等。拓宽学生视野，培养"走出去"的兴趣，树立进入名校的目标。

2. 感受世界名校的风采，了解这些学校著名毕业生的故事，培养对现阶段学校的荣誉感和责任感。

3. 了解世界名校招收人才的原则、政策以及所需的人才素养，有意识地培养自己，为进入自己理想的学校做提前的规划和准备。

三、课程内容

本课程具有很强的趣味性、探索性和知识性。学生通过对世界名校的了解,能够更多地受到人类文化积淀和学术研究的影响,使其思维变得更加深刻、理性。本课程内容共分为两个模块。

模块1:学习与探索(10课时)

学习世界名校的学校简介、历史沿革和校容校貌等基础知识,探索名校轶事、学校成就及相关文化背景。

1. 麻省理工学院——世界顶尖私立研究性大学
2. 斯坦福大学——让自由之风劲吹
3. 哈佛大学——美国本土历史最悠久的高等学府
4. 牛津大学——求知学生的理想之地
5. 剑桥大学——启蒙之所和智慧之源
6. 新加坡国立大学——卓越机械生物学研究中心
7. 苏黎世联邦理工大学——欧陆第一名校
8. 清华大学——红色工程师的摇篮
9. 东京大学——日本最高学术殿堂
10. 耶鲁大学——美国最美丽的城市校园

模块2:分享与感悟(6课时)

学生通过对学校简介、历史沿革和校容校貌等资源的整理归纳,以手抄报、书法作品和海报等创意形式展示。学生分享自己最向往的名校,勾勒自己的远大理想,结合个人的兴趣与特长,发表对国家教育的初步认知与感悟。

四、课程实施

本课程每周1课时,共16课时,作为拓展课,针对三年级以上对世界名校有较强兴趣的学生,采用小班教学,原则上15—20人。将世界名校相关资料通过课件、视频、音乐等形式呈现出来,在充足的基础知识传授的基础上,配合多媒体教学和小组讨论等教学方法。具体实施方法如下。

（一）视频教学法

通过播放世界名校的介绍视频,让学生感受校园风光,初步了解创办历史和办学理念,激起学生学习的兴趣;通过播放在校师生和毕业生的采访视频,感受名师的风采和校园的学术氛围。

（二）讨论法

在教师的指导下,学生以小组为单位,以某一名校为话题,各抒己见,通过讨论获得知识。鼓励全体学生参加活动,培养学生合作探究的精神,激发学生的学习兴趣,提高学生学习的独立性。

模块1讨论的问题:

1. 通过学习,你认为这所世界名校在哪一个或多个领域内有较高的学术造诣?
2. 在这两位杰出校友身上,你能找出哪些值得你学习的精神品质?

模块2讨论的问题:

通过赏析同学的作品并倾听他人的感悟,你对这所世界性名校有哪些新的认识?

（三）自主学习法

为了充分拓展学生的视野,培养学生的学习习惯和自主学习能力,营造浓厚的学习氛围,教师可给学生留下值得思索的问题,让学生利用网络资源,以自主学习的方式寻找答案,帮助学生掌握搜集世界名校相关资料的方法,并将自主学习从课上延续到课下。

（四）制作分享法

根据自己向往的名校,尝试制作相关海报、明信片或小视频,阐述自己向往或者喜欢的原因,以及为进入这些名校将会做哪些准备。学生完成这些作品后向组员做展示和分享,加深学习的印象。

五、课程评价

（一）学习与探索综合评价

在每一次课堂教学活动中,通过学生对知识的掌握程度、表达能力、创新能力和合作能力等方面的表现进行评价(表4-7)。

表4-7

评分内容	具体要求	得分
知识水平(25分)	掌握不同名校的特性,熟悉各校的历史背景、学科研究及名人名事	
表达能力(25分)	能够掌握名校相关知识,梳理并流畅地进行展示	
创新能力(25分)	能够根据世界名校的校园特征和历史文化,用独特的方式表达自己的见解	
合作能力(25分)	在学习和实践中能够非常融洽地与同学和老师以及各层面的人进行合作。	

(二) 展示性评价

在分享与感悟过程中,学生简单介绍一至两所名校,表达对某一名校的喜爱之情及原因,根据学生的表现,采取自评、小组评价和教师评价等方式,对学生的学习成果及个人作品进行评价,主要评议精神面貌、语言组织、作品效果三个方面(表4-8)。

表4-8

评分内容	具体要求	自评	小组评	教师评
精神面貌(20分)	形象端庄,举止大方自信,表情自然,具有良好的表现力			
语言组织(40分)	语言精练优美,有较强的感染力,能引起师生的共鸣			
作品效果(40分)	能够通过海报、诗歌、图画、明信片等形式独立完成展示作品			

(撰稿人:邓莉婷　梁颖茹　谢群)

第五章

动态性：教师参与课程变革的难点

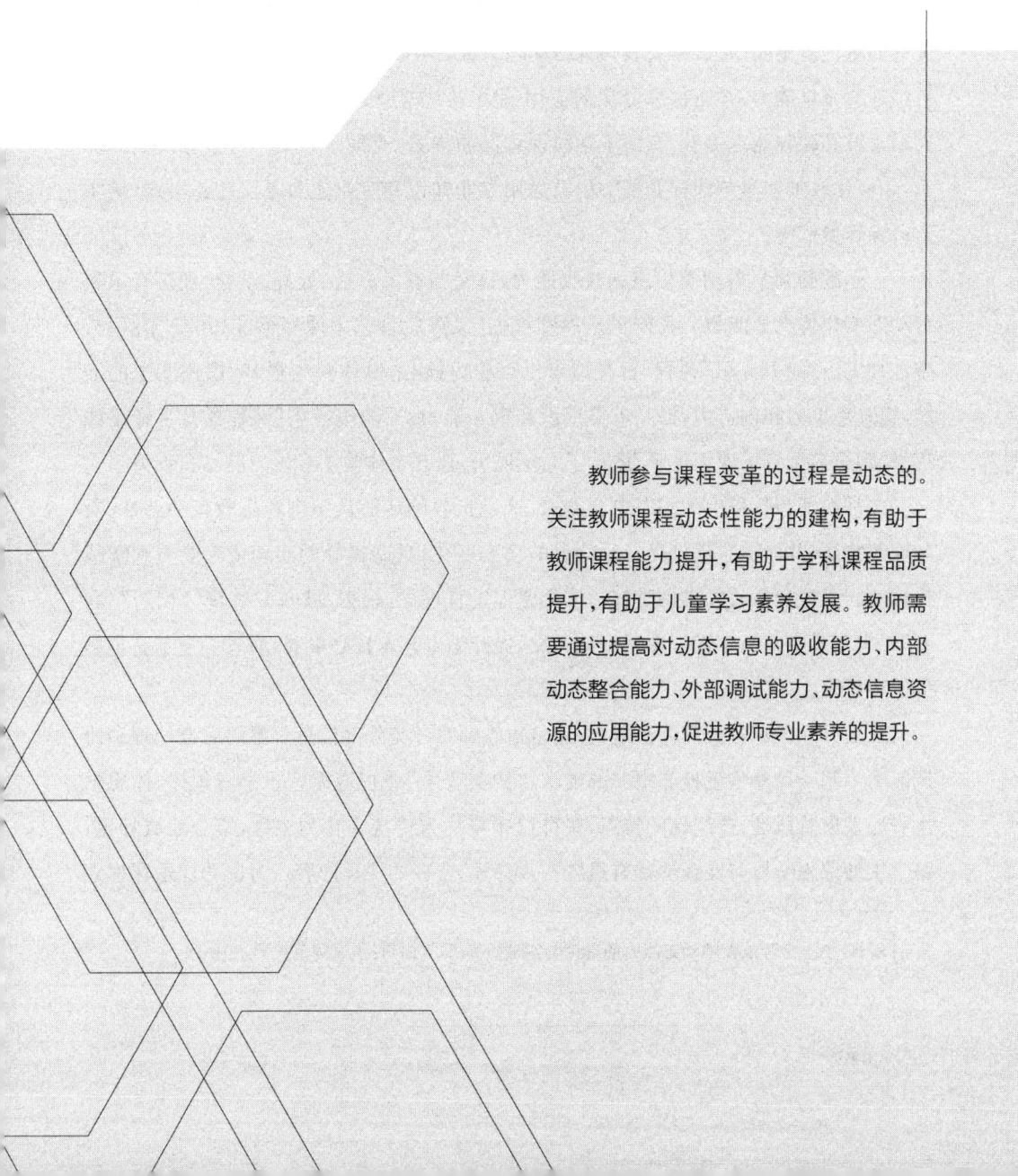

教师参与课程变革的过程是动态的。关注教师课程动态性能力的建构，有助于教师课程能力提升，有助于学科课程品质提升，有助于儿童学习素养发展。教师需要通过提高对动态信息的吸收能力、内部动态整合能力、外部调试能力、动态信息资源的应用能力，促进教师专业素养的提升。

教师参与课程变革的过程是动态的。随着教育改革的理念不断更新以及我国对美育的重视度不断增强,需要教师具备动态信息的吸收能力、教师内部动态整合能力、教师外部调试能力、动态信息资源的应用能力。[①] 关注教师课程动态性能力的建构,有助于教师课程能力提升,有助于学科课程品质提升,有助于儿童学习素养发展。那么,如何让教师在参与课程变革中积极运用专业知识和专业能力进行专业实践,落实学科课程目标呢?

一是教师须具备动态信息的吸收能力,这是指教师分析、处理、整合、加工音乐教育动态变化信息的能力。我校音乐教师根据《义务教育艺术课程标准(2022年版)》,整合加工出"韵美音乐"课程,旨在追求以审美为核心,以体验为根基,挖掘学生的潜能,提升想象力和创造力,提高审美意识和审美能力。"韵美音乐"课程提升了音乐课程品质,丰富了音乐课程体系,展示了儿童风采,让儿童体验了音乐的韵律和雅美。

二是教师须具备内部动态整合能力,这是指教师能够认识到音乐教育动态性、复杂性等特征,并能够主动接受音乐信息的动态变化,具有良好的心理接受能力和实践执行力。我校音乐教师贯彻学校一体化课程设置理念,根据"欣赏""表现""创造""联系"四类艺术实践内容进行课程设计开发,提升学生艺术核心素养,形成一个丰富多彩的课程系统。

三是教师须具备外部调试能力,这是指教师对各类外部信息资源的综合处理和协调能力。基于培养学生核心素养的要求,"韵美音乐"课程遵循音乐学习规律,体现学生身心发展阶段性、连续性的特点,坚持以中华优秀传统文化为主体,结合地域特色,将学生的课程学习与实践活动有机统一,组织综合性的课程内容。为推动音乐课程立

---

① 许君君.中小学音乐教师动态能力的理论与实证研究[D].福州:福建师范大学,2016.

足核心素养,发挥育人价值,"韵美音乐"课程通过"1+X"课程群建设不断拓展优化,持续进行着有益探索。

四是教师须具备动态信息资源的应用能力,这是指教师将外部信息在获取、内化之后的一种外显能力,是实现教学理念的贯彻,转化为生动有趣的教育行为。我校音乐教师通过不断学习,不断内化,开发出"韵美音乐"课程群,包括"管乐合奏""趣唱粤语童谣""三度音程合唱""身体打击乐""戏剧游戏""形体舞蹈""尤克里里课堂""唱享客家山歌"等丰富有趣的课程。

总之,作为课程实施主体的教师,应随时适应音乐教育的动态要求,通过提高音乐教师的动态信息吸收能力、内部动态整合能力、外部动态调试能力、动态资源应用能力,多管齐下,促进音乐教师音乐教育水平的提高。

(执笔:安伟莎)

课程创意 5-1　趣唱粤语童谣

适合对象：一至二年级

一、课程概述

我国《学校艺术教育工作规程》强调"民族艺术教育的目标是使学生了解我国优秀的民族艺术成果，提高文化传统和外国的优秀艺术成果，提高文化艺术素质、增强爱国主义精神，培养感受美、表现美、鉴赏美、创造美的能力，树立创新意识和创造能力，促进学生全面发展"。《义务教育音乐课程标准（2011年版）》指出"要善于将各地区民族民间音乐资源运用在音乐教学中，使学生从小就受到民族音乐文化的熏陶"。这些都表明了乡土教材编写的重要性。随着时代经济的不断发展与变革，越来越多的粤语童谣已经消失，发扬和传唱粤语童谣是我们亟待解决的问题。

本课程的理念是"传承粤韵桥梁，传唱广府童谣"。粤语童谣随着时间迁移逐渐消失，传承和发扬地方民族音乐文化是基础教育阶段中不可推卸的责任。作为广东省府城市，广州将粤语童谣引进校园，除了可以传承民族音乐，还可以让学生从认识家乡音乐出发，亲近本土的音乐文化，从而增进热爱家乡的感情。

二、课程目标

1. 欣赏粤语童谣，感受粤语童谣的文字美、音律美，能学唱并表演粤语童谣。
2. 掌握了解粤语童谣作品，尝试创编简单的粤语童谣，能够使用简单的粤语进行交流。
3. 通过学唱粤语童谣进一步了解广府音乐文化。

三、课程内容

19世纪初，粤语童谣广泛流传于粤语地区，当时大部分童谣皆为无旋律的念谣。

广州市黄埔区教学研究院小学音乐学科组编写的曲目集《广府粤语歌谣 粤曲选编》和花城版教材《广州音乐》中,收录了很多贴近孩子生活和成长的粤语童谣。在"趣唱粤语童谣"课程里,我们将利用这些资源进行五个模块的教学安排。

模块1:数百揽(2课时)

数百揽是广东曲形式,以活泼明快的节奏,生动诙谐的语调,押入声韵,配合着敲击木鱼打板,生动有趣。数百揽和中国北方的数来宝,或现代的饶舌说唱(Rap)有些类似。该模块选曲为《猜呈沉》《落雨大》《排排坐》。

模块2:经典歌谣(3课时)

经典歌谣主要选用了传统粤语和粤港地区广为传唱、脍炙人口的歌谣。歌谣旋律明快,朗朗上口,记录了孩童的游戏,散发着浓郁的生活气息,也蕴含着深刻的做人道理。该模块选曲为《点虫虫》《大西瓜》《落雨大》《何家公鸡何家猜》。

模块3:粤曲小唱(2课时)

粤曲是广东曲艺的一种形式,源于清道光初期,流行于广东及广西的粤语方言地区并流传到香港、澳门以及东南亚和美洲的粤籍华侨聚居地,采用广州方言表演。粤曲重唱功、音乐性强、曲调优美,讲究声腔艺术,分大喉、平喉、子喉三大类。该模块根据学生年龄特点选择两首作品进行教学,分别是学唱《小花猫》和欣赏《荔枝颂》。

模块4:时代歌谣(2课时)

时代歌谣是当代创作的新歌谣,一般以广府文化或人文、生活为题材,也有以童话故事为题材,保留了经典歌谣风趣活泼的粤语方言、粤音粤调,同时被赋予了新的活力,有浓郁的现代生活气息,深受人们的喜爱。该模块学唱《小小红船到校园》,欣赏《丝路谣》。

模块5:选曲填词(1课时)

在广府地区流传的歌谣中,有不少是选曲填词的经典之作。这些歌谣选择的曲调涵盖了中外民族或流行歌曲,所填的歌词依腔行韵,朗朗上口,广受老百姓的喜爱。该模块选曲为《有只雀仔跌落水》《大笨象会跳舞》。

四、课程实施

本课程实施前需要准备:PPT课件、相关歌谣的背景资料、情景图片、动画视频、钢琴。课程总课时为 10 课时,每两周 1 次课。具体实施方法如下。

(一) 启发式教学法

教师展示童谣相关的视频或图片,播放范唱,启发学生掌握童谣大意,学念歌词,再进行学唱。

(二) 听、学唱、唱游教学法

教师做出标准的范唱并用钢琴、科尔文手势等方式,帮助学生调整音准、节奏。适应低年级学生好玩的特点创设唱游教学,帮助学生学唱作品。

(三) 律动教学法

"律动"教学模式充分将学习的动与静相结合。在教学基础上添加符合学生兴趣的元素,不仅可以引导学生在体态律动中提升节奏感和音乐感,还可以培养学生的创造能力和表演能力。

(四) 表演展示法

在学生学习粤语童谣的过程中,为学生创设舞台表演实践机会,促进学生的学习兴趣,激发学生的表演欲望,从小组合唱到独唱,提高学生舞台表演能力,让学生从耳朵、身体和心灵等全方面获得音乐艺术体验。

五、课程评价

本课程的评价主要注重学生在童谣学唱、欣赏过程中对粤语童谣的体验以及学生最终对童谣的掌握,通过评价手段,提高学生对粤语童谣的学习兴趣,促进学生的粤语应用能力的发展。

(一) 自评、他评、互评

1. 自评:用纸笔写下自己对这个课程的感受或对个别用于欣赏的作品的理解。
2. 他评:可以是向父母演唱粤语童谣,父母给予的评价。
3. 互评:开展"班级音乐会",学生可以独唱、小组唱的形式演唱童谣,学生之间投票选出喜欢的表演节目。

(二) 赛事性评价——粤语童谣班级音乐展演

在完成五个模块的内容学习后,开展粤语童谣班级音乐展演,班级内人人参与,以多种表现形式,提高学生舞台表演能力,让学生从耳朵、身体和心灵等全方面获得音乐艺术体验。比赛的评分标准由歌曲内容、精神面貌及台风、艺术效果、情感四部分组成。

（撰稿人：廖璐　陈苑仪）

课程创意 5-2　三度音程合唱

适合对象：四年级

一、课程概述

《义务教育音乐课程标准(2011年版)》提出,"课程的基本理念是以音乐审美为核心,以兴趣爱好为动力","演唱教学的目标是:自然、自信、有表情、有感情地唱歌","合唱是演唱教学的组成部分,对于学生唱歌能力的形成有着重要的意义",以及"重视音乐实践,积极引导学生参与各项音乐活动"。

根据《黄埔区小学生基础音乐能力标准》,小学四年级学生应达到二级水平标准,在音高感方面,学生能够唱三度音程并能够进行简单和声性合唱歌曲的演唱。

通过长期实践,我们发现学生对于讲过的音乐知识容易遗忘,缺乏系统有序的学习。基于上述考虑,我们将教材内容进行重组,并补充了一些教材外的作品,形成大单元教学设计,帮助学生针对某一类音乐知识进行深度学习。在现行的音乐教材中没有提及三度音程概念的认知,而三度和声音程是合唱创作手法上最常见的手法之一,掌握这一概念并进行多部合唱作品的实践,将切实提高学生的合唱能力。

本课程的理念是"建立和声听觉,表现和声之美"。学生通过课程的学习,感受音乐艺术的魅力,同时掌握三度音程的表现手法。

二、课程目标

1. 通过聆听和模唱来感受三度旋律音程,并能够用三度音程表现歌曲《顽皮的杜鹃》。

2. 通过多声部聆听,感受二声部歌曲《小小少年》,并准确歌唱;能够运用三度和声音程,为歌曲进行适切的多声部创编,提高演唱和创编能力。

3. 学会欣赏感受音乐艺术的美好,从小培养对音乐艺术的热爱。

三、课程内容

课标中指出"合唱"需要学生全方位的音乐能力,如演唱能力、听辨能力,音准节奏要求非常之高,这就需要教师在平常的教学中科学地、有计划地、循序渐进地逐渐积累。本课程以"三度音程"为主线,将《顽皮的杜鹃》《小小少年》《多年以前》《闪烁的小星星》这四首演唱作品整合为多声部歌唱单元进行重点教学,并在单元作品学习之前加入认识三度音程的预备课,预先进行重点音乐知识的感受、学习。因此,我们安排进行四个模块的教学。

模块1:认知三度音程(3课时)

通过预备课将知识、技能提前落实,在音乐学习的过程中,学生能够认知三度音程;能够知道旋律音程和和声音程的区别;能够用首调唱名法,准确演唱 dm 和 ms 两个和声音程。

模块2:运用三度音程表现歌曲(4课时)

在简单的旋律中加入三度和声,让学生初步感受、表现多声部作品。在欣赏与演唱歌曲《顽皮的杜鹃》过程中,学生能够通过柯尔文手势、识谱演唱、教师范唱、模仿表现等多种方式探索音乐、感知音乐、表现音乐;能够用自然、恰当的呼吸,准确、生动地演唱歌曲,感受音乐中的美好。在演唱歌曲的过程中,能够通过柯尔文手势准确演唱三度音程;能够听辨出重复乐句并听唱出唱名;能够按照乐谱要求视唱歌曲旋律;能够对指挥动作有很好的反应,并能够在歌唱中体会到和声的美感。

模块3:合唱中体会音乐的和声美(4课时)

学习合唱,感受多声部魅力,乐于感受音乐,能够在音乐中获得愉悦和美感体验。在欣赏与演唱歌曲过程中,学生能够用和谐、统一、均衡的声音合唱,并关注倾听其他声部;能够对指挥动作有很好的反应,并能够在歌唱中体会到和声的美感;了解与歌曲相关的文化内容,在《小小少年》的学唱中,感受合唱的和谐之美。

模块4:运用三度音程为歌曲进行适切的多声部创编(3课时)

培养学生的创新思维能力,能够喜欢演唱歌曲,乐于参加歌曲学习中的实践活动,乐于探索音乐中的和声美。欣赏三度合唱歌曲《多年以前》,在欣赏中再次感受三度和声的美感,以歌曲《多年以前》为例,分析如何对歌曲进行适切三度多声部编创,能够在教师的指导下,小组合作运用三度音程先以口头试唱,再记写为熟悉的单旋律歌曲《闪烁的小星星》,然后进行适切的多声部编创。

四、课程实施

该课程面向四年级学生开展,是对教材的补充和拓展,共四个模块,计划用四个课时完成。具体实施方法如下。

(一)柯达伊教学法

本课程中主要运用的是柯达伊教学法,它是当今世界三大音乐教学法之一,适合我国大班制课堂教学。柯达伊认为,音乐不是贵族阶级的专利,而是所有人的精神财富。音乐应该属于每一个人,这是柯达伊音乐教育思想的核心内容。柯达伊教学法的主要特点是以歌唱作为音乐教育的主要手段,以首调唱名体系(首调唱名体系包括首调唱名法、节奏读法、字母谱、手势等)、系统的音乐读写、听觉与视唱训练培养学生全面的音乐能力。

(二)小组合作

在教学中,使用小组合作的形式,提高孩子参与音乐活动的兴趣,同时也降低了一部分学生学习的难度。

(三)班级合唱

柯达伊认为,合唱是最使人受益的科目,因为它能对学生付出的努力给予最大满足的报偿。此外,还需唱准,在被干扰下的准才是真的准,在稳定了音准后,学生能够真正感受到音乐中的和声美。那是一种成就感,更是一种享受。

五、课程评价

在教学中主要利用师评的评价手段,以鼓励性评价为主,关注各层次学生的学习状况。评价等级按照百分制,分为A、B、C、D四个等级(表5-1)。

表 5-1

测试项目	测试人数	A（85—100分）		B（75—84分）		C（60—74分）		D（0—59分）	
		人数	比率	人数	比率	人数	比率	人数	比率
音程构唱									
歌曲背唱									
旋律视唱									
音乐编创									

（撰稿人：安伟莎　秦丽春）

课程创意 5-3　身体打击乐

适合对象：一至六年级

一、课程概述

《义务教育音乐课程标准(2011年版)》提出,"音乐是一门极富创造性的艺术","在教学过程中应设定生动有趣的创造性活动内容、形式和情境,发展学生的想象力,增强学生的创造意识","应从音乐学习的特点出发,激发学生的学习兴趣,增进学生对音乐的喜爱,引导学生主动参与各项音乐实践活动,以获得对音乐的亲身体验"。

根据《黄埔区小学生基础音乐能力标准》,小学五年级学生基础音乐能力应达到三级水平,重点是要运用更多节奏时值和节奏形式的固定节奏型配合歌唱。

在实际的课堂教学过程中,我们发现学生对于节奏的认知和把握还很抽象,因此将教材内容进行重组,用身体作为乐器,通过拍手、跺脚、拍腿、捻指等身体动作,和节奏型相结合,做一些简单的单声部或多声部的节奏训练。

本课程的课程理念是"运用身体之动作,表现音乐之律动"。无须借助任何身外之物,学生能够随时随地进行声势表演,这使得每个孩子都能充分地展现他们的音乐才能。这对培养学生的节奏感、听辨能力、反应能力、记忆能力以及创造性能力都是一种非常好的方法。

二、课程目标

1. 通过节奏模仿,学生能掌握基本的声势动作,并在接龙游戏中提高反应能力。
2. 学生能为简单的儿歌配上声势动作,在创编活动中提高小组合作意识。
3. 学生能给自己喜欢的歌曲配上声势动作,进一步提高学习兴趣和创编能力。

三、课程内容

身体打击乐是声势教学中的一种律动教学，能和节奏节拍组合训练，培养学生心中的稳定拍。通过这种教学还能提高学生的发散思维，把生活中的物品、声音、动作、语言都融入到音乐中。身体打击乐在音乐课堂中的教学方法主要有4种：节奏模仿、接龙游戏、节奏创作以及用声势为音乐旋律伴奏，所以本课程教学内容分为以下四个模块。

模块1：节奏模仿(2课时)

首先是声势动作的学习，主要包括4种：跺脚、拍腿、拍手、捻指。除此之外，我们的身体部位还可以发出各种各样的声音，比如拍打肚皮、摩擦身体、夹臂等。鼓励学生多发现自己的"身体语言"。然后是不同节拍的节奏训练，从学生较为熟悉的单拍子慢慢过渡到复拍子、混合拍子。模仿的节奏也是由简单到复杂，从长时值的节奏型慢慢过渡到短时值的节奏型，由慢速到快速。教师要不断关注学生的学习状态，要适可而止，时间不要过长，否则学生的兴趣减弱，就失去了教学的意义。

模块2：接龙游戏(2课时)

在模仿训练的基础上做进一步的节奏训练，有接头和接尾两种。教师示范一条完整节奏(大于两小节)，学生重复这条节奏的第一小节或第一拍，其余节奏型和声势动作全部自由创作即接头，反之则为接尾。练习时学生根据教师的速度(保持稳定拍)进行节奏接龙，教师根据学生的学习状态可以适当提高难度，如重复教师的节奏，变换不同的声势动作，也可以重复教师的声势动作，变换不同的节奏型。这种训练方法最能提高学生的反应能力、记忆能力和即兴创作能力。

此模块的训练可以加上卡农练习，即多声部练习。小组间进行声部分配，在保持稳定拍的前提下，尽可能每个声部的声势动作有所不同。

模块3：节奏创作(2课时)

以儿歌《两只老虎》为例。先从简单的训练组合开始，即每一小节都是拍手(时值为2拍)+左手拍左腿(第3拍)+右手拍右腿(第4拍)，学生熟练了之后可以尝试自主创作，最后以小组为单位，共同创编。当学生掌握了一定的节奏词汇时，这一练习是很容易完成的。学生能够创作出多种声势节奏型，但教师分组时要注意学生的搭配，避免出现小组之间差距过大而影响一部分学生的积极性。鼓励学生进行多声部的尝试,教师也可以加入到学生队伍中,一起参与创作。

模块4:用声势为乐曲或歌曲伴奏(2课时)

前面课时里学到的身体打击乐的声势知识已经运用到简单的儿歌作品中,此阶段可以再过渡到教材里具有代表性和趣味性的作品中,如五年级上册的《青春舞曲》。最后拓展到流行音乐作品中,既巩固了所学知识,又提高了学生的学习兴趣。学生可单独展示,也可以分组展示,形式多样化。教师要适时鼓励学生,做好评价。

四、课程实施

本课程共分四个模块,为循序渐进的四个阶段,这一过程中教师的引导作用是至关重要的,教师要不断引导学生努力探究声势活动的音乐性,更完美地体现活动的艺术意义和教育价值。课程实施中具体运用的方法如下。

(一) 优秀学生展示

在每次训练活动中,尤其是后期的编创和给乐曲伴奏中,都请优秀的学生个人或小组进行展示,让学生在欣赏的过程中学习、模仿其他优秀作品,也激发自己的学习欲望。

(二) 小组合作

身体打击乐更侧重于小组集体合作,尤其是卡农和多声部音乐作品,更考验小组的编创能力。如果在相同的拍子长度里,几个孩子采用各自的节奏和动作进行组合,那就是几个乐器的合奏了。这是一种美妙的音响组合,也是一种独特的艺术享受。

(三) 视频欣赏

鼓励学生多去欣赏优秀的身体打击乐作品,学生在模仿的同时还可以激发自己的学习欲。

五、课程评价

(一) 过程性评价

整个教学过程中都是以小组的方式呈现,在每次教学过程中,根据学生在活动中参与的态度和活动的表现,采取互评、小组评和师评等方式,表例如下(表5-2)。

表5-2

第( )组　组长:( )　组员:( )

分类	评价内容	评价结果		
^^^	^^^	A	B	C
个人活动情况	活动参与度	主动积极参加课程学习、模仿活动	能参加课程学习、模仿活动	能在老师或同学的帮助下
小组合作情况	合作态度	积极地相互配合,并能帮助他人	相互支持、配合	能在小组成员的帮助下进行合作
活动成果	作品的创编	能运用多种技巧方法独立完成出色的编创作品,突出个性	能独立完成编创作品	能在老师或组员的帮助下完成编创作品

(二) 展示性评价

第三、四模块以小组互评和师评为主,每个课时结束后将每个小组的创编成果进行展示,由教师、其他小组对编创作品的艺术性和设计进行评价。

(撰稿人:杨倩)

课程创意 5-4　戏剧游戏

适合对象：五年级

一、课程概述

《义务教育音乐课程标准(2011年版)》提出，"强调音乐实践，鼓励音乐创造"，"在教学过程中，应设定生动有趣的创造性活动内容、形式和情境，发展学生的想象力，增强学生的创造意识"，在教学目标关于"表现"能力提出"通过音乐实践活动促进学生能用音乐的形式表达个人的情感并与他人沟通、融洽感情"。

戏剧艺术是一门综合的艺术教育课，包括了文学、音乐、舞蹈、表演、美术等门类。2015年9月15日，国务院办公厅发布了《关于全面加强和改进学校美育工作的意见》，戏剧作为单列的课程内容被国务院正式提出来，可见其对学生美育的重要性。

由于戏剧课在我国小学教育中算是新兴课程，笔者在实践中发现，在课程开始学生往往存在拘谨、想象力不够丰富等问题，经过一段时间的学习锻炼后，学生的想象力和表现力都得到大幅提高。

本课程的理念是"鼓励想象放飞，创造表演机会"。通过课程的学习，学生能合理阐释其创编的戏剧作品，并能在众人面前自信地与同伴合作展示。

二、课程目标

1. 学生知道并能遵守戏剧游戏的特定信号，能大声、自然地完成角色的对白和动作。
2. 学生能在特定的命题中创作出天马行空、有趣又有教育正能量的故事。
3. 学生能安静地观看各组排练，并能说出每个组别的优点和缺点以及改进的方案，提高艺术审美能力。
4. 学生的想象力、团结精神和表演能力得到培养，能体验到戏剧艺术的魅力。

三、课程内容

"戏剧游戏"的课程内容是以适当的故事、歌谣为蓝本,在教师的启发下,学生发挥想象力,拓展丰富故事细节(新角色、对白、动作、音乐等),然后由学生分小组排练,最后共同把戏剧完整表演。

我们主要分成四个模块进行教学,一是了解上课基本规则与参与热身练习,二是对角色、场所进行模拟练习,三是作品的改编,四是表演作品,即此课程教学结果的最终呈现。

模块1:规则与热身练习(3课时)

戏剧课程相对比较新颖,除了个别学生在校外上过相关课程外,大部分学生对它是比较陌生的。因此,在这个模块要特别介绍戏剧课的"规矩":特定的变换角色信号、安静信号、静止信号和结束信号等,并且养成听到信号要即时做出正确反应的习惯。例如,当老师敲击一次铃鼓时,表示所有人都进入故事的角色状态(包括老师);敲击三次铃鼓时,表示大家抽离出角色,进入探讨环节(所有人回到师生角色)。

热身主要是用一些小游戏让学生放松,拉近师生、生生的距离,增加学生对上课地点的熟悉度,以及进一步巩固戏剧课的常规要求。

模块2:角色、场所模拟练习(3课时)

时间、地点、人物是戏剧的三大基本要素。角色可能是人类、动物、神仙、植物等,可以虚拟也可以现实。场所不仅体现了故事发生的地点,还能体现出当下角色们的情绪与状态。角色、场所模拟练习,是戏剧课不可或缺的基本功。

模块3:作品的改编(3课时)

一首童谣或者一则简单的故事,怎么扩充成生动风趣、充满冲突的戏剧呢?为角色增加对白、在剧本中解释清楚前因后果、增添新角色和合理的冲突、增加音乐场景等方法都可以让作品更优秀,更加有艺术观赏性。

模块4:表演作品(6课时)

表演是戏剧游戏的重头戏,在这个模块学生分为若干组进行表演。以《癞蛤蟆与小青蛙》为例,学生分为癞蛤蟆组、小青蛙组、蛇组、乐器配乐组、道具组、观众组,这些组别在课堂上是轮流交换的。每个人都有台前、幕后和观众的体验,能从不同的角度去思考表演,思考自己的行为。在最后成品演出时,所有同学各司其职,把自己的角色完成。换而言之,所有学生都将在戏剧游戏中自编、自导、自演,充分体现学生的自主性。

四、课程实施

本课程实施之前应该准备:安排课程内容,准备好道具,画好课室内的功能区域。具体实施方法如下。

(一) 示范体验法

示范体验法是最直观的一种上课方法。扮演角色时,高年级学生一开始难免放不开,觉得难为情。教师首先放下身段,示范故事角色的站姿、声音,让学生放松并能模仿表现出角色特点。

如模仿青蛙,先由教师示范(嘴巴嘟起来,半蹲身子,跳动),再由学生模仿。随即启发学生的发散思维,让学生做出不同年龄青蛙的神态和动作。

(二) 谈论法

讨论是向学生介绍课程主题的一种方法,也是能利用学生已有知识对课程进行推进的有效手段。剧情的发展、小组内外成员的表现能力、道具的制作等都是通过学生的讨论去完善的。

(三) 小组学习法

在班级中以小组为单位练习,既能给每个学生上台表演的机会,又能让他们在无压力放松的状态下锻炼表演技巧。在小组中他们探索着对戏剧表演的理解,商量怎么样分工协作才能完成老师给的任务。另外,他们也需要观察其他小组作品的优缺点,站在反思的角度把自己小组的表演作业完成地更吸引人。

五、课程评价

本课程主要采用过程性评价,注重过程和过程中学生的参与度和体验度,引导学生做到分工明确、合作学习,有积极的自主参与意识和合作沟通能力。

根据戏剧课活动内容和特点,课程设计以下评价方式,分为 A、B、C、D 四个等级,每月进行一次评分(表5-3)。

表 5-3

内容	自评	小组评	教师评
听懂老师的所有指令,并且马上做出反应			
大胆发言交流			
自如地做出符合故事角色特点的言行			
具有合作精神			

(撰稿人:黄耿炎)

课程创意 5-5　尤克里里课堂

适合对象：五年级

一、课程概述

尤克里里(Ukulele)即"夏威夷小吉他"，是一种四弦乐器，盛行于夏威夷，其意译为"礼物的到来"。《义务教育音乐课程标准(2011版)》提出，"3—6年级学生要乐于参与各种演奏活动，学习掌握一门课堂乐器的演奏方法，参与歌曲、乐曲的表现"。

尤克里里音色甜美，小巧易携带，入门简单，通过学习尤克里里，可以提高学生的音乐表现力，进而培养学生的音乐审美能力。

本课程的理念是"丰富音乐体验，激发演奏热情"。该课程面向五年级全体学生，引导学生掌握基本演奏技巧，丰富乐理知识及音乐情感体验，通过阶段性的学习让学生从单一演奏技法的能力向集体合奏弹唱曲目的能力转变，激发学生的演奏热情，进而促进学生的全面发展。

二、课程目标

1. 了解尤克里里，熟练掌握各种和弦及演奏指法，掌握自弹自唱的基本技能，能视谱演奏4首曲目。

2. 提高对音乐的兴趣，乐于参加音乐活动，培养音乐鉴赏能力和多声部音乐的听觉能力。

3. 通过班级合奏，培养自信大方的表演仪态、团队协作的能力和团结友爱的精神。

三、课程内容

课堂乐器的学习要经历从了解乐器到掌握演奏技法再到熟练运用乐器的过程，在基本技法掌握的基础上,学生才能锻炼综合音乐能力。本课程通过提高音乐表现力和对音乐的理解,对学生进行美育教育,进而促进学生全面发展。所以,本课程共分为四个模块。

模块1:认识乐器构造

学生认识尤克里里,学会如何持琴并掌握如何调音;让学生了解尤克里里四线谱,了解右手如何拨弦和左手如何按弦。

模块2:学习常用和弦演奏

学习弹奏常用音阶(C大调音阶、F大调音阶、G大调音阶),让学生对尤克里里的熟悉度有一个阶段性的提升;学按左手常用伴奏和弦(C、Am、F、G、Dm、G7、Em7和弦)。

模块3:掌握弹唱技法

学习三首简单的指弹乐曲演奏(《小星星》《我是一个粉刷匠》《新年好》),并在熟练弹奏的基础上加上演唱;结合乐理教学,学习基础节奏型的扫弦(四、二八、八十六、十六八、四个十六节奏型),将右手扫弦和左手的和弦按弦结合练习,使学生熟悉掌握基础伴奏演奏方式;将弹奏技法运用到乐曲中,学习扫弦演奏歌曲《童年》《你笑起来真好看》《小手拉大手》,最后加上演唱。

模块4:班级合奏

进行班级三声部合奏《我和我的祖国》,先让所有学生学习三个声部的演奏,其次对班级进行分声部选拔,再进行合奏训练,最后完成合奏。

四、课程实施

尤克里里作为课堂乐器,在课程实施上主要采用了教师示范、家长协助、小组合作、"师徒"结对、班级合奏等教学形式,具体课程实施如下。

(一)教师示范

在尤克里里课堂中,将教师示范指导和学生自主练习相结合,每周一个课时,教师按照课程内容进行专业授课,在授课过程中强调教师的演奏示范,强调技能学习的专业性,并布置好相应的课后练习,要求学生按时完成课后练习作业。

(二)家长协助

学生除了每周一课时的专业技能学习时间之外,教师统一要求,由家长配合监督,学生每天在家里利用碎片时间进行15—30分钟的课后自主练习,并且建议家长通过录制视频"打卡"的方式在班级群里进行课后练习完成度的监督和反馈。

(三) 小组合作

在课程的日常练习中,教师按照学生对新知识的接受程度和技能掌握的熟练度将学生分组,让其进行合作练习。在练习过程中,组内成员互相评价、提建议,互相指导指法、姿势、节奏等,促进学生之间的合作和共同提高。

(四) "师徒"结对

在技能学习过程中,每个学生的接受程度和课堂反馈不同。在每个教学阶段中后期,采取"由熟带生"的教学方法,由学得较快的学生带一到两个接受速度稍慢的学生进行指导练习,学生之间形成自主监督练习的循环模式,促进技能共同掌握。

(五) 班级合奏

通过学习三声部作品《我和我的祖国》,首先全班集体学习每一个声部,熟练之后再在班上进行分声部筛选,最后进行合奏训练。这一过程可以培养学生集体演奏能力、合作能力和集体的荣誉感,最后加上自然的歌唱,提升学生的音乐表现力。

五、课程评价

本课程通过各种教学方法相结合的课堂,对学生的评价设置了课堂教学和练习评价表,每一阶段学习结束后对学生进行一次评价,采取学生自评、教师评价和学生互评相结合的评价方式。具体表格如下(表5-4)。

表5-4

	技能维度50分 (指法、节奏、音准、力度、乐感)	情感维度25分 (情绪、表情、状态)	态度维度25分 (专注力、合作表现力)	总分
学生自评				
学生互评				
教师评价				

尤克里里作为一门乐器,通过表演者演奏的形式能够呈现出他们对音乐的表达。为了整体提高学生的音乐表现力,每学期末举行一次汇报演出。以个人和小组自选的形式,挑选一首本学期学过的曲目进行弹唱表演,通过班级投票的方式,选出表演能力前三名的小组或者个人进行评奖,再按班级人数的百分之十五设置"最佳表演奖",同样在班级内投票选出。

(撰稿人:李颖格)

第六章
研究性：教师参与课程变革的亮点

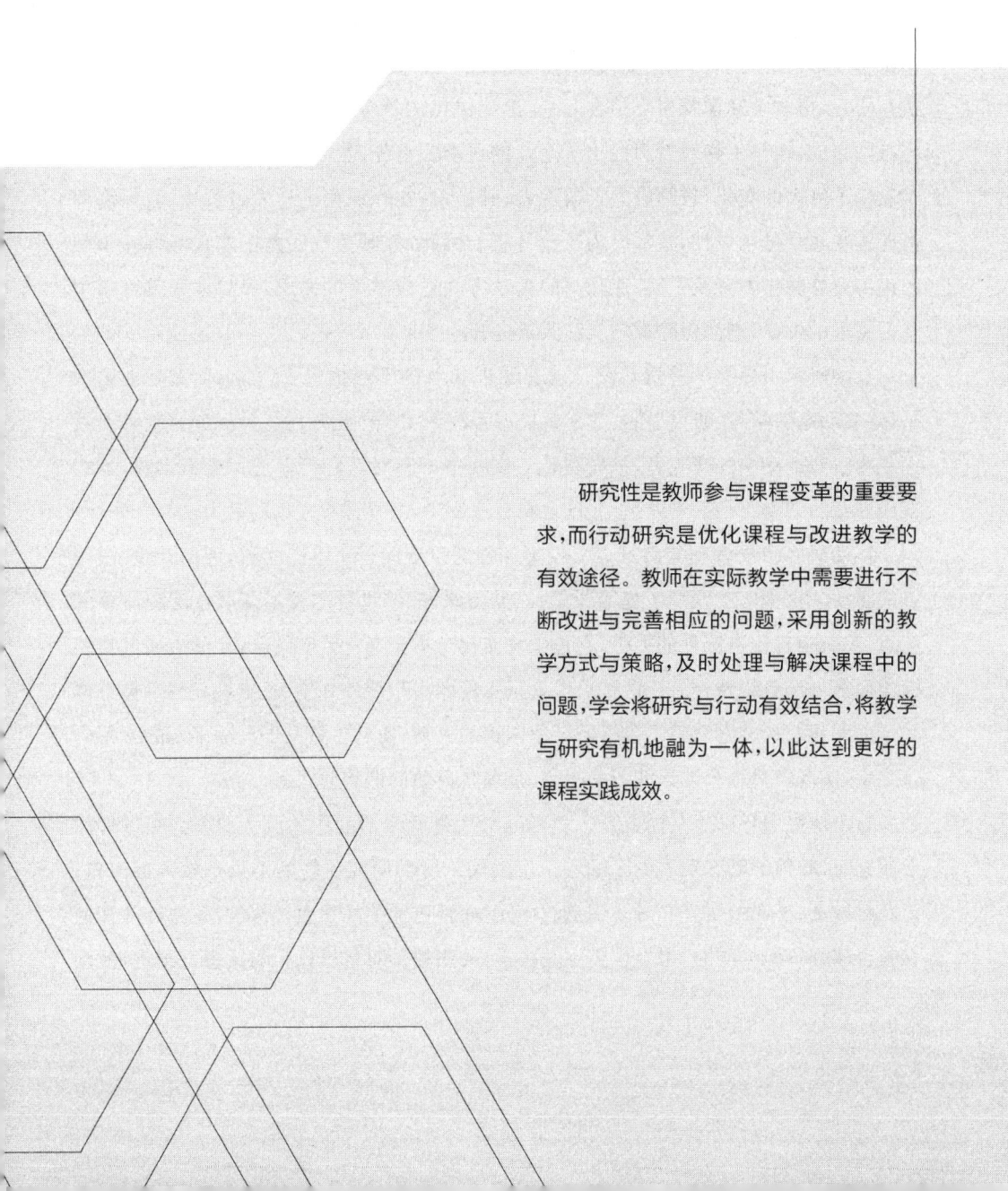

研究性是教师参与课程变革的重要要求，而行动研究是优化课程与改进教学的有效途径。教师在实际教学中需要进行不断改进与完善相应的问题，采用创新的教学方式与策略，及时处理与解决课程中的问题，学会将研究与行动有效结合，将教学与研究有机地融为一体，以此达到更好的课程实践成效。

行动研究引导教师寻找问题。在充满不确定因素的教学环境中,会有很多影响教学效果而值得探讨的问题。如何从校本课程的教学课堂中,从实践问题出发,深入分析与研究,把教学知识与实际结合起来,形成优化的教学模式?校本课程的开发全程由教师完成,编写工作对教师提出了全新的要求。首先,教师的角色在实际课堂教学中发生了巨大的变化,教师成为了研究者;其次,在实际课程的开发过程中,教师需要对课程与教学进行设计,教师成为了设计者。因此,教师要在实践中发现问题并不断改进与完善教学方式及手段,保障新的教学方式适应学生的需求,保障课程符合学生学习需求的发展,进而保障教学实践改革提升的效果。

行动研究引导教师探索新路。随着课程变革的不断推进,教师必须提高理论水平,建立动态的学习、研究机制,才能解决课程改革实验中出现的各种问题。教师要真正成为实践活动中的研究者,只有在教学实践中不断对教育行动进行探索实践,才能摆脱固化的旧思路和教学习惯,实现自身专业发展,凸显课程变革的活力。

行动研究引导教师突破难点。校本课程的设置综合了多门学科,课堂开设、学习方式等在一定程度上区别于统编课程。"悦美课程"的设置是校本拓展性课程变革的亮点,是对现有校本课程的突破,它是学校文化与本土文化紧密结合,让学生通过实践探索而获得经验的课程。该课程可以真正实现课内与课外并举、基础培养与兴趣选修并举的课程结构。它突破了传统的统编课程的束缚,使学生置身于灵活多元的学习内容之中,实现各科综合知识能力的提高,是多元灵动的课程模式。

行动研究引导师生共同成长。教师与学生是教学活动中的两大要素。在进行教学研究时,教师的动态发展也影响着学生发展。行动研究关注的不只是教师如何教,以及对教法、备课的研究和对知识点的落实,而且更加关注学生如何学,关注教师如何在整合课程资源的同时,引导学生主动去学,关注教师对自己行为的反思与跟进,活动方式从单向走向互动。①

"悦美课程"面向全体学生,在教学中一切教学活动的组织与实施,都是从全体学生出发,关注每一个个体的发展。我们不是用课程来统一孩子们的个性与思想,而是要保护孩子们在美术创作中的童真与多样的个性。因此,在我们的课程教学中,以学生为本,在美术学科各类别的关联中,拓展学生的美术修养与能力。在美术与文化传统、生活情感的互相融合中完善学生的人格。

正如美国著名科学家卡库所说:"今天,我们正处在一个划时代变革的开端,即从自然界的被动观察者变为'自然界舞蹈动作'的主要设计者……科学的'发现时代'即将结束,'掌握时代'则刚刚开始。"课程的变革是一项自我更新、自我发展的过程,教师参与其中,组合成一个有机的整体。我们将在这个充满创新交互的课程变革中,继续探索,不断学习,与课程共同成长。

(执笔:陈晓宁)

---

① 柯言.校本教研:意义、问题与对策.课程•教材•教法,2005(6):50.

课程创意 6–1 版画奇迹

适合对象：三至六年级

一、课程概述

《义务教育美术课程标准（2011年版）》在总目标中指出："运用各种工具、媒体进行创作，表达情感与思想，美化环境与生活；学习美术欣赏和评述的方法，提高审美能力，了解美术对文化生活和社会发展的独特作用。学生在美术学习过程中，丰富视觉、触觉和审美经验，获得对美术学习的持久兴趣，形成基本的美术素养。"

优秀的少儿版画作品充满少儿的智慧，洋溢着童真与稚趣，给人以单纯、朴素、天真之感。少儿版画创作课程能够实现少儿版画的育人价值，有效促进学生全方位健康和谐发展，因而它技能表现的方式更为简便，表现过程更为轻松有趣。学生通过自身的艺术实践，进一步掌握艺术规律，体会共性与特点、内容与形式的关系，提高自身的艺术素质。该课程根据《义务教育美术课程标准（2011年版）》要求，结合少儿日常生活资源、广州本土人文资源、中国传统文化资源，在教学资源开发和利用的基础上，对原有教材中美术课程资源进行了有益补充。

本课程的理念是"感肌理之美，树自豪之情"。在课程学习中让学生结合日常生活中的资源，体验版画的不同材料与技法特征；在自发的浓厚兴趣中提高观察能力、想象能力与审美能力；同时激发学生对校园文化、乡土文化、中国文化的认同。本课程是基于学生审美素养发展的一次实践探索。

二、课程目标

1. 在基础版画创作活动中引导学生认识版画的基本工具材料、基本的版画语言和版画的表现方法。

2. 发现版画材质的印迹之美、肌理之美、形与色的排列与组合之美，探究少儿版画在生活中的有效运用。

3. 通过学习,对传统文化艺术产生浓厚的学习兴趣与民族自豪感,增强民族文化自信心。

三、课程内容

模块1:在艺术作品中发现美(4课时)

优秀的作品对学生是一种启迪,一种提示。本模块以"赏析"为主,通过对经典作品的欣赏、评析,结合优秀作品的艺术形式提高学生的创作能力。学生在赏析艺术家作品过程中,提高审美素养。在创作时,学生可以吸取艺术家作品的构成样式、造型、艺术语言等,结合自己的现实生活与认知进行表现,激活创造性思维,丰富和发展新的语言艺术。

模块2:在日常生活中创造美(9课时)

以现实生活为基础的版画创作可以有效发挥少儿的主观能动性,突破固有的模式化形象,并形成新的审美符号,创造出不同于他人的美。本模块从以下几个主题引导学生进行创作:我的小伙伴、快乐童年、美丽的鲜花、广州小景。

模块3:在传统文化中表现美(8课时)

传统文化是构筑国家文化的文化基础,是民族发展的源泉,它包含的内容很多,如古诗、神话传说、民间艺术等,把它转换成艺术作品的过程就是吸取其中的因素进行再创作的过程。可以让学生认识了解自己的民族文化背景,树立良好的文化自觉,增强民族自信心。本模块从《赛龙舟》·橡胶版画、《波罗鸡》·填彩版画、《古诗配画》·吹塑纸版画三个内容引导学生进行创作。

模块4:拓展学习(4课时)

在以上学习的基础上,带领学生走出学校,参观相关版画作品展、专业版画工作室,并邀请相关专家在学生参观的时候进行交流,树立探索的精神,传承优秀传统文化中的美。

四、课程实施

(一) 课前准备材料

本课程实施前须准备以下资料(表6-1)。

表6-1

印刷资料	相关的版画教材资料
辅助材料	教师提供图片资料、教学PPT课件、背景音乐等
网络资源	1. https://www.sohu.com/a/142097643_368530 2. http://www.baidu.com 3. https://www.meipian.cn/3fckfses 4. https://www.5068.com/eth/etbh/587235.html
其他	版画作品书籍、版画作品

本课程使用的制作工具根据学生能力水平选取,属于基础易操作类型。学生在老师指导下能根据不同的材质创作出有不同肌理效果的版面,有效地将知识性与趣味性相结合。

在版画表现中,点线面的运用是构成画面艺术美的核心要素,不同的线面组合可形成不同的对比。教学时要充分发挥创造性思维,因地制宜地表现多种效果。

(二) 具体实施方法

1. 示范演示教学法

本课程教学除了培养学生亲手作画的能力外,也着重锻炼学生美术鉴赏方面的能力。范画和演示可以有效地让学生接触到课本之外的版画作品,范画及演示教学对学生思维模式的开发具有很大的促进作用。在老师的引导下,学生从模仿逐渐向自发创作的过程转变,并找到一种适合自己的表达方法,不断加以创新,实现创作上的突破。

2. 比较欣赏教学法

寻找不同的版画作品,同时呈现给学生进行对比欣赏,让学生分辨作品之间的差异,提高学生的美术欣赏能力。通过比较,让学生体会不同类型版材作品的美,促进学生审美能力的发展。在不同的模块内容中,教师以各种材料的肌理美为切入点,让学生欣赏版画特有的肌理,深入欣赏版画艺术的形式感并尝试进行创作。

3. 讨论探究教学法

以小组为单位,选择感兴趣主题进行课堂内、外的探究性学习,形成"交流自学成果—合作探究解疑—自主创新实践"的探究形式。

五、课程评价

评价活动是美术教学过程中的一个重要组成部分。本课程的评价主要采用过程性评价方式,体现"多维立体"互动评价模式的可发展性,运用可发展性、多元性原则进行评价。评价中不仅要关注学生的各项技能,而且要重视发现和发展学生多方面的潜能,引导学生学会合作学习,提高主动参与、自主探究的能力。

1. 立体性评价

结合探索和学习展开讨论,把美术作品、小组讨论结果和个人感想发表在班级美术微信群或班级相册上,供大家长期交流和学习,形成"学生—学生、学生—老师、学生—家长、老师—家长"多维互动的立体评价模式。

2. 过程性评价

结合美术学习活动评价表(表6-2)、学习活动记录表(表6-3),在每个单元模块随时记录学生在活动过程中的收获与产生的问题。

表6-2 美术学习活动评价表

年级:　　　　姓名:

学习内容		评价		
内容和评价		☆☆☆	☆☆	☆
态度兴趣	我按要求带来了工具和材料			
	我对学习本课内容感兴趣			
	我能遵守课堂规则			
	我能自觉做好场地清洁工作			

续 表

学习内容		评价		
内容和评价		☆☆☆	☆☆	☆
知识技能	我学会了本课的美术知识			
	我能用学到的方法完成有创意的作品			
能力创新	我能参与小组协商并完成任务			
	我能积极参与课堂学习并积极展示作品			
	我学会了欣赏本课中的美术作品			
	我能创作出与众不同的作品			
综合评价				

评价要求：根据每节课情况，分别在对应的项目后面画"√"表示。

表6-3 学习活动记录表

_____小组学习活动记录
（第___次活动）

课题：	活动时间：	活动地点：
参加人员：		
缺席人员：		
活动主要内容：		
学习心得：		
小组成员分工列表		
姓名	承担工作	

3. 教学成果展示

不定期举办班级学生作品汇报展(对内),定期举行校级学生作品展(对外)。

(撰稿人:陈晓宁　陈晓云)

课程创意 6-2　工笔国画

适合对象：三至五年级

一、课程概述

国画(宣画)即用颜料在宣纸、宣绢上绘画,是东方艺术的主要形式(薛宣林定性)。从美术史的角度讲,民国前的国画统称为古画。国画在古代无确定名称,一般称之为丹青,主要指的是画在绢、宣纸、帛上并加以装裱的卷轴画。近现代以来为区别于西方的油画(又称西洋画)等外国绘画而称之为中国画,简称"国画"。它依照中华民族特有的审美取向及因此而产生的艺术手法而创作。

校本课程是基础教育课程改革的重要组成部分。《义务教育美术课程标准(2011年版)》指出,在"造型·表现"学习领域中3—4年级学生可以"尝试用毛笔、水性颜料、墨和宣纸等材料,展开趣味性造型活动",5—6年级学生可以"尝试中国画的表现方法,体验笔墨趣味"。国画是中华民族的传统艺术,把国画作为我校校本课程,有利于继承和发扬中华民族的优良传统文化,增进学生对传统文化艺术的理解和热爱,培养学生特长爱好,提高学生艺术修养,促进学生德、智、体、美全面发展。开展国画教学与研究,我校具备一定的基础条件。首先,中高年级学生对学国画兴趣极大,参与积极性很高,家长也很支持;其次,"办特色学校,育特长学生"是我们的宗旨,培养学生特长爱好、提高学生综合素质是我们一贯的追求。

本课程的理念是"认识国画技法,弘扬国画艺术"。通过对国画的学习,学生增强感悟艺术的能力,在不断接触、掌握更多艺术品种的过程中,扩充艺术手法和语言,增强艺术表现的能力。学生通过自身的艺术实践,进一步掌握艺术规律,体会共性与特点、内容与形式的关系,提高自身的艺术素养。

二、课程目标

1. 掌握工笔国画的基本技法知识,认识中国画以线造型和追求意象的绘画特点。

2. 掌握工笔国画从写生白描到着色创作全过程的作画方法和技能，培养国画创作能力，为学生走进国画艺术殿堂奠定基础。

3. 在临摹写生练习的过程中，认识中国工笔画这门传统艺术，培养对国画的兴趣和爱好，进而增强对祖国传统文化艺术的热爱，使我们的优良传统文化艺术得以继承和发扬。

三、课程内容

工笔国画所包含的画种繁多，仅绘画题材就数不胜数。在本课程里，我们主要选取了适合三至五年级年龄段孩子的三个模块：工笔花卉、工笔鱼虫、工笔禽鸟。课程由浅入深，循序渐进，尽量让国画与孩子们身边的生活联系起来，让他们更直观地感受"美源于生活，也用于生活"。

模块1：工笔花卉(6课时)

工笔花卉是以花卉为题材的工笔国画，所表现的对象主要是花木芳草。勾勒好每一根线条，是画好工笔花卉的关键。学习工笔花卉以前，必须先了解花卉的类别，掌握各类花卉的基本生长规律，从而更好地将花卉的美表现出来。工笔花卉是花鸟画中的重点和主题，因此要对花卉做深入细致的研究，根据花瓣的质地，在勾线时的线条要富有变化，做到花瓣的外形有起伏感和节奏感。根据不同的花卉品种、花型的大小、花瓣的厚薄，以及同一花瓣不同部位的厚薄变化等情况，用不同粗细、不同性质的线来充分表现它们的关系。让学生在绘画过程中体验墨线变化的乐趣，初步了解在画工笔画时对笔墨的控制及应用，培养学生的线条表现能力，会画简单的荷花、喇叭花。

模块2：工笔鱼虫(6课时)

工笔鱼虫着眼于详尽如实、细针密缕地摹写现实。在该模块教学中，教师展示简单的鱼类和昆虫的形态的优秀范本，并以详细的图例和文字对其中的技法和技巧进行讲解。教师介绍工笔鱼虫的构图，在构图时要注意宾主明显、疏密错落、前后贯穿，变化掩映等。工笔鱼虫属于精细写实一类的画法，要求通过精细的笔墨，概括提炼，写出形象，如鲤鱼、金鱼、蝴蝶等。

模块3：工笔禽鸟(3课时)

工笔禽鸟是工笔画的重要内容之一。工笔花鸟画中花卉在画面中是"静"的，而禽鸟是"动"的,是绘画时需要重点描绘的部分,禽鸟的结构和其他物象一样,都是有规律的。鸟类的躯体整体呈现菱形,几乎全身布满羽毛,从上至下可分为头、躯、爪、尾四部分,其中鸟的头部可以概括为一个正圆形,身体则是前大后小的椭圆卵形。绘制前要先了解禽鸟的各部分结构,这样有助于我们更好地绘制,如鸭子、麻雀等。

四、课程实施

本课程实施之前应该准备:安排课程内容,做好 PPT 课件,准备课堂音乐和相关图片视频等。本课程共 15 课时,具体实施方法如下。

(一) 视频教学

结合课程内容,采用录像、微课等视频教材,使学生在视觉上直观地"感受"工笔画,指引学生分析、思考。视频控制在 10 分钟内,明确学习重点,同时让学生带着问题看视频,提高学生的学习效率。具体视频链接如下。

1. 工笔画技法入门——几种常见的线描技法

https://haokan.baidu.com/v?vid = 15881234504623491441&pd = bjh & fr = bjhauthor & type = video

2. 工笔画技法入门——底稿绘制

https://haokan.baidu.com/v?vid = 17902176530372378512 & pd = bjh&fr = bjhauthor & type = video

3. 工笔画技法入门——过稿

https://haokan.baidu.com/v?vid = 3568855953643748601&pd = bjh & fr = bjhauthor & type = video

4. 工笔画技法入门——平涂、分染

https://haokan.baidu.com/v?vid = 10558074477391531877&pd = bjh & fr = bjhauthor & type = video

5. 工笔画技法入门——罩染

https://haokan.baidu.com/v?vid = 17128243064578251672&pd = bjh & fr = bjhauthor & type = video

6. 工笔画技法入门——斡染

https://haokan.baidu.com/v? vid = 4983481944966282718&pd = bjh & fr = bjhauthor & type = video

（二）讨论教学

按照三个模块的内容，每个模块设计讨论的主题，在小组里展开探究，如"此类画种的绘画技法有什么特点"等。

（三）探究教学

以年级的小组为单位，开展工笔国画题材探究活动。每小组对一种题材形式的绘画技法和名家作品进行搜集整理汇报。

五、课程评价

本课程的评价要注重过程和过程中的体验，提供引导学生对自己在课堂中的表现进行自我反思性评价，增强学生的学习自信心，提高学习兴趣，激发学习动力，促进学生综合审美能力的发展。重视师生之间、学生同伴之间对彼此个性化的表现进行评定，进行鉴赏。坚持自我评价和他人评价、个别评价与集体评价相结合，评价以促进学生自主学习为目的，使更多的学生得到激励。

评价标准如表6-4所示。

表6-4

评价内容	评价项目	评价方式
中国画介绍	1. 学习、归纳、总结中国画的分类 2. 根据不同人的喜好选择学习技法	过程性评价：提问、写赏析观后感等
工笔国画线描	1. 学习、归纳、总结工笔国画的线描画法 2. 掌握不同事物不同质感的线描	过程性评价：学生作品评价
工笔国画设色	1. 学习、归纳、总结工笔国画的设色方法 2. 掌握不同事物设色的不同方法	过程性评价：学生作品评价
工笔国画最后调整	1. 学生自我调整自己画面的整个关系	过程性评价：学生作品评价

(一) 课堂互评活动

根据当天学习的内容,开展课堂互评活动。把作品贴在黑板上,请学生评出自己欣赏的作品,请作者讲讲自己的创作感受。

(二) 学以致用

把所学知识运用到生活中,真正实现创造美。例如,利用学会的国画知识制作一幅三尺对开的年画送给亲朋好友。

(三) 举办一次工笔国画展览

在期末进行一次小型的工笔国画作品展览,展示学生在本课程中的收获。

(撰稿人:潘嘉煜　李蒲蒲)

课程创意6-3 华服设计

适合对象：五年级

一、课程概述

中国自古即有华夏、中华之称。礼仪之大，故称"夏"；服章之美，谓之"华"。华服亦称汉服，是中华民族的传统服饰。它是中国"衣冠上国""礼仪之邦""锦绣中华"的体现，承载了汉族的染、织、绣等杰出工艺和美学，传承了30多项中国非物质文化遗产以及受保护的中国工艺美术。

在历史的传承与发展过程中，汉服充分展现了古人"仁、义、礼、智、信"的道德内涵，更是纯善纯美的中国传统服饰艺术的重要象征。《义务教育美术课程标准（2011年版）》指出，"美术是人类文化最早和最重要的载体之一，运用美术形式传递情感和思想是整个人类历史中最重要的文化行为"。美术课程的学习，有助于学生熟悉美术的媒材和形式，理解和运用视觉语言，更多地介入信息交流，共享人类社会的文化资源，积极参与文化的传承，并对文化的发展做出自己的贡献。

本课程的理念是"欣赏华夏霓裳，感知民族文化"。课程旨在激发学生对传统文化的热爱，培养学生发现美、体会美、设计美的能力。通过中国传统服饰与手工设计制作相结合，体会美术与生活环境、美术与传统文化的关系，全面提高他们的审美意识和创造力。在美术的学习中学会欣赏和尊重不同时代的传统文化的美术作品，培养人文精神。

二、课程目标

1. 了解传统服饰文化的历史发展和特征，体验用不同材料动手设计制作服饰的乐趣。

2. 感受综合材料的多种运用形式，根据多种工具的不同特性进行创作，发展动手能力和创造力。

3. 提高对传统民族文化的兴趣,增强民族自豪感。

三、课程内容

汉服的款式繁多复杂,且有礼服、常服、特种服饰之分。在设计制作的过程中,我们需要通过三个方面来设计:(1)了解汉服形制类型;(2)设计汉服领型款式及袖型;(3)设计汉服的纹饰特点。所以我们先从这三个方面来学习了解汉服的历史和服饰特点,根据学习掌握的汉服特点来进行创新设计及制作。根据这三个方面,本课程设计以下三个学习模块。

模块1:了解汉服的发展历史和基本结构(2课时)

中国服饰历史源远流长,从原始社会到夏商周再到春秋战国时期,后经秦汉、魏晋南北朝、隋唐、辽宋夏金元、明、清,到近现代,都以其鲜明特色为世界所瞩目。

根据汉服的基本结构用彩纸来设计制作基本造型。

汉服整体结构主要分为三大类。第一种是"上衣下裳"相连在一起的"深衣"制;第二种是"上衣下裳"分裁制;第三种为"襦裙"制,主要有齐胸襦裙、齐腰襦裙、对襟襦裙等,实际上也属于上衣下裳制。

模块2:汉服的领型款式及袖型设计制作(3课时)

1. 领型款式

汉服的款式以交领(兼有圆领、直领)右衽为主要特点,无口、系带,宽衣大袖,线条柔美流动,飘逸灵动。而交领右衽是贯穿始终的灵魂所在。汉服的裁剪方法一直采用平面裁剪。

2. 袖型款式

汉服的袖型多种多样,基本分为广袖、垂胡袖、方直袖、窄袖、琵琶袖五种。

(1) 广袖:一般用于礼服,分平时用广袖和表演用广袖。

(2) 垂胡袖:流行于汉代,一般用于曲裾深衣或直裾深衣。

(3) 方直袖:是在腰带旁开口,水平向外延伸,呈长方形。

(4) 窄袖:是在除了头部的上半身一半处开口,水平向外延伸,呈细长方形。

(5) 琵琶袖:流行于明代,由明太祖发明的一种袖子,内窄慢慢向外扩大,像一把琵琶,袖口呈弧形,封口,可加白色小袖缘,亦可不加。

3. 设计制作

根据前面几个课时对汉服款式结构的了解,运用纸艺剪裁出汉服的款式结构以及设计喜欢的袖型和领型。注意汉服的衣着层次、比例关系及色彩搭配。

模块 3:纹样设计及制作(3 课时)

汉服的纹章极其丰富,周礼"以纹为贵"代表了汉文化的信仰和习俗。汉服中的纹章与汉人意识、认识中的天形地象、阴阳八卦、无形无色、吉祥图案等各类文化符号紧密相通用。汉服的纹饰也喜欢采用带有吉祥寓意的图纹,如"六合同春""五谷丰登""锦上添花"等图案。同时,依据不同的场合,也会选择不同的纹饰,有云纹、宝相花纹、忍冬纹、唐草纹、龙凤纹、饕餮纹、连珠纹、回字纹、莲花纹等。

根据了解的传统汉服纹样,在制作好的基本型上设计并画出自己喜欢的纹样,注意花纹位置和色彩搭配。

四、课程实施

本课程是美术课程与传统文化相结合的一种设计应用与综合探索的课程,教师通过观察、了解、构思、描绘、设计与制作等美术教学活动,引导学生关注传统文化,进行探究性学习,鼓励他们充分展示自己的认识与感受,努力提高他们的审美素养。

(一) 图片欣赏

教师分类整理图片素材,展示中华民族传统服饰之美。这些图片承载着中国丰富的历史文化与服饰美学,是学生了解汉服文化的直接媒介,可以丰富学生的眼界,增加其人文素养。

(二) 启发引导

运用图片和多媒体,引导学生自主探究,发现历史上每个时期汉服款式的不同变化与区别,探究汉服演变的过程,从而激发学生自主学习的动力,以及对传统文化的兴趣。教师要注意引导的方法,可以以提出问题的方式,由浅入深,由易到难。

(三) 制作分享

学生根据自己对汉服的了解,如历史发展和基本形制、领型袖型的款式、传统纹样特点等,设计制作一款自己喜欢的汉服,体验中国华服之魅力。

举办以华服为主题的工艺美术作品展,展示学生的作品,相互交流,提升学生的自信心与成就感。

五、课程评价

(一) 过程性评价

根据每个模块的教学内容,从学生在课堂学习中的参与意识、合作精神、审美情趣、习惯爱好、构思创意、探索能力等几个方面采取互评、小组评价及教师评价方式。以小组内互评为主,主要评议"参与意识""合作精神""构思创意"三个方面(表6-5)。

表6-5

小组编号: 组长: 组员: 日期: 课程内容:		
评价内容	等级	
	☆	☆☆	☆☆☆
参与意识	参与课堂活动不主动,课前准备不充分	愿意主动参与课堂活动,能完成课堂作业	积极主动参与课堂活动,课前准备足够充分,材料齐全,作业质量优
合作精神	小组内不积极参与合作	参与小组活动,和组员积极合作完成课堂活动	与小组成员合作融洽,活动完成效率高,有质量
构思创意	能动手完成作品的基本形状和造型	能运用多种材料完成作品,并有设计思路和想法	能运用多种材料,完成有设计感又富有创意的新颖的作品

(二) 展示性评价——举办"华服日"活动

让学生分享自己设计制作的汉服作品,展示给大家看,鼓励学生勇于大胆表现自己。评价内容如表6-6所示。

表6-6

评价内容	优秀 （20—25）	良好 （15—20）	合格 （10—15）
款式设计新颖独特(25分)			
纹样设计丰富(25分)			
制作工艺精细(25分)			
色彩搭配和谐,比例协调(25分)			

（撰稿人:吴丹）

课程创意 6-4　陶情墨趣

适合对象：四至六年级

一、课程概述

近年来，国务院办公厅《关于全面加强和改进新时代学校美育工作的意见》《关于实施中华优秀传统文化传承发展工程的意见》等文件指出，要"进一步强化学校美育育人功能，构建德智体美劳全面培养的教育体系"。

"陶情墨趣"课程在怡园小学"怡心怡身、至善至美"办学理念的引领下，创建"陶艺+瓦当+书法"的美育课程框架。课程架构以"美术鉴赏+艺术体悟+传统文化"为设计主线，结合美术课标精神中的"造型·表现""设计·运用""欣赏·评述"和"综合·探索"四个学习领域，紧扣美术核心素养开展课程教学。课程从陶艺与瓦当、汉字与书法、拓印与文化三个层面着手，层层递进，提出"基于陶艺，注重学科联系，打破课堂边界，塑造社会主义核心价值观"为导向的课程建设理念，以弘扬中华美育精神，以美育人、以美化人、以美培元为课程理念，让学生在系统的学习体验中，了解中华民族优秀的传统文化，感受文化与历史、艺术与生活的联系。

二、课程目标

1. 在体验"陶艺+瓦当+书法"相关文化的过程中，逐步掌握陶艺、瓦当、书法课程内容的学习方法、表达方式和创作能力。

2. 能积极主动地参与课程内外的探究活动，在学习美术欣赏、评述和创作的过程中，提高审美意识和审美能力，了解美术在文化生活和社会发展中的作用。

3. 通过课程学习，能够识别图像的形式特征，从文化角度分析和理解美术作品，认同并弘扬中华优秀传统文化，尊重人类文化的多样性。培养对艺术的热爱，感受祖国传统艺术的博大精深。

三、课程内容

书法是中华民族独有的一门历史悠久的艺术。瓦当作为中国传统建筑结构的特色文化,其中秦汉文字瓦当在两千多年以前即具有艺术欣赏的意义,瓦当的制作工艺体现了能工巧匠的智慧。学习陶艺、瓦当制作工艺和书法艺术是继承传统文化、弘扬民族艺术的最佳途径之一。本课程将分为三个学习模块,一是汉字与书法,二是陶艺与瓦当,三是拓印与书法。

模块 1:中国汉字与书法

本模块内容包括"书法文化""书法艺术"两个课程专题。其中"书法文化"是要了解中国汉字与书法文化的发展,以及瓦当文化与书法的关系;"书法艺术"专题是从中国汉字概述、书写器具与碑帖选择、书体演变、临帖方法、书法作品赏析及其章法中,认识和掌握中国汉字的文化与艺术规律。

模块 2:陶艺与瓦当

本模块内容包括"陶艺与瓦当文化""陶艺制作与创作方法""瓦当制作与创作方法"三个课程专题。其中,"陶艺与瓦当文化"专题主要学习国内外陶艺的艺术、中国瓦当文化等;"陶艺制作与创作方法"分别从盘泥条法、泥板成型法、徒手捏制法、拉胚成型法、雕塑挖空法等学习中,掌握陶艺的基本技能;"瓦当制作与创作方法"则是在瓦当设计、泥板制作和瓦当工艺等课程学习中,发展感知力、观察力和创造力,提高动手能力。

模块 3:拓印与书法

本模块内容包括"拓印艺术""拓印方法""拓印与书法联系"三个课程专题。其中,"拓印艺术"以拓印历史及其文化、拓印的当代应用为主要学习内容;"拓印方法"以拓印工具、拓印步骤、拓印技巧为主要学习内容;"拓印与书法联系"以拓印与书法作品鉴赏、拓印与书法创作为主要学习内容。学生通过技与艺的学习和体验,培养审美素养。

四、课程实施

2013年开始,学校根据教育部发布的《中小学书法教育指导纲要》全面落实书法教育,全校开设书法教学。学校已形成科学的汉字书写教学理念和规范的教学计划,并在三、四年级开设每周一次的软笔书法课程。2017年,学校"怡陶坊"建成,学校陶艺教学也随即展开,在五、六年级开设常规陶艺教学和每周三次的陶艺兴趣课。本课程将在书法课、陶艺课、美术课和社团活动中开展,课程设置根据实际情况安排6—8课时。具体实施方法如下。

(一)欣赏讲授法

利用课件和视频展示陶艺文化及其发展历史,了解相关工艺的制作流程和技术方法,认识瓦当与书法艺术及其文化。

(二)资料搜集法

通过自主学习、合作探索,搜集相关的瓦当资料,包括图片资料与文字资料,其中以图片资料为主,资料收集可通过实地考察和互联网搜索完成。在小组合作学习中搜集资料,记录学习体验,对比古今瓦当之异同。

(三)示范体验法

学生在陶艺、瓦当、书法的学习活动中,逐步掌握相关艺术文化的制作和创作本领;教师通过引导学习和教学示范,解决教学中的重难点问题。

(四)展示分享评价法

通过举办作品展,交流、回顾、总结学习成果,提供展示平台,进而反馈、思考和评价教学质量。

五、课程评价

本课程注重过程性学习体验,关注自主学习和合作探究能力培养,在自我反思中进行评价,以教会、勤练、常展推动学校美育的教学改革。评价内容如表6-7所示。

表 6-7

类别	评价项目	评价指标内容	检查形式	比例
课堂评价	知识与能力	1. 了解陶艺、瓦当、书法艺术的基础知识 2. 掌握基本的制作和创作技能	互动交流、课堂作业	40%
过程性评价	学习态度与价值观培养	1. 课内外自主学习意识 2. 小组合作学习意识 3. 学习习惯、人文素养和育人目标达成	学习任务、学习成果	30%
目标评价	教学目标达成	1. 教学评价表 2. 成果展示	自评、互评	30%
综合评价	优秀( ) 良好( ) 及格( ) 不及格( )			

注：得分比例85%以上为优秀，得分比例75%—84%为良好，得分比例60%—74%为及格，得分比例60%以下为不及格。

（撰稿人：何青云）

课程创意 6-5　走近民族服饰

适合对象：三至六年级

一、课程概述

探究民族服饰之美，了解中国是一个多民族国家，多彩的民族文化是中华文化的重要组成部分。中国服饰是中国文化之一，是各民族相互影响而成的，在中国这片广阔的大地上，56个民族和谐共存。《义务教育美术课程标准（2011年版）》课程资源开发与利用建议中指出，"美术课程资源的开发有利于丰富美术教学的内容，提高美术教学的效益，突出地方美术教育的特色"。教师可以运用自然资源（如自然奇观、自然材料等）和社会文化资源（如民族与民间艺术等）进行美术教学。

本课程的理念是"欣赏民族服饰，感知民族意蕴"。本课程将带领学生走近民族服饰，学会欣赏和表现民族服饰之美，感受民族文化的魅力，体验服饰艺术与民族生活和审美的密切关系。

二、课程目标

1. 了解民族服饰的多样性和独特性，初步掌握2—3种民族服饰的简易制作方法。
2. 培养获取和整理信息的能力，体验服饰艺术与民族生活和审美的密切关系。
3. 激发热爱祖国和民族服饰的情感，树立保护和发展民族服饰的态度价值观。

三、课程内容

模块1：欣赏民族服饰（2课时）

服饰是人类特有的劳动成果，绚丽色彩、文化情趣、宗教观念、审美意味都沉淀于服饰之中。通过对关于民族服饰的视频、图片等资源的欣赏与介绍，增加学生对于民族服饰的了解,感受56个民族服饰之美,将其中具有代表性的民族作为探究对象,激发学习兴趣,探究各个民族服饰的特点,学会自主探究民族服饰的方法,培养民族自豪感。

本模块着重介绍汉族、傣族、回族、苗族、满族、蒙古族的服饰特点,以小组活动的方式,通过了解不同民族的生活习俗及地理环境,来认识不同民族的服饰特征和传统文化,感受各民族不同的美,培养自身的表达能力和民族自豪感。

模块2:表现民族服饰(10课时)

通过对民族服饰的基本认识,继续探究民族服饰的纹样与款式。中国服饰的传统纹样主要有九大类:龙蟒、凤凰、珍禽、瑞兽、花卉、虫鱼、人物、几何与寓意,进而了解民族服饰的款式设计,用不同的美术表现形式,尝试设计民族服饰,激发创新思维,提高动手能力。安排循序渐进的课程,由易到难体验民族服饰之美,获得成就感。

本模块主要分为四个部分探究民族服饰:第一部分是民族纹样设计(2课时);第二部分是服装款式设计(2课时);第三部分是手绘民族人物(3课时);第四部分是撕贴民族娃娃(3课时)。

模块3:宣传民族服饰手抄报(4课时)

在模块1、模块2的学习基础上,引导学生分组合作学习,在了解民族服饰的同时,探究课堂以外的有关民族的知识,如生活环境、生活习俗、民族歌舞、民族语言文化等,感受民族风情。结合图片与文字,将自己感受到的民族服饰之美以手抄报的形式展现。通过分组合作,在有限的时间里,各组之间相互分享,教师加以辅助。这样的方式能最大程度地让学生在课堂中获得更多的知识,加深知识印象,锻炼自身信息收集与信息整合能力及表达能力。

本模块主要分为四个部分:第一部分是学习手抄制作方法,分配小组任务;第二部分是整合小组成员收集的有关民族服饰资料;第三部分是分组制作手抄报;第四部分是展示分享小组成果。

四、课程实施

本课程结合"欣赏·评述""造型·表现""设计·应用""综合·探索"四个领域,采用欣赏讲解、教师示范、探索表现、综合实践等教学形式,具体实施方法如下。

(一) 欣赏讲解

教师收集资料,课堂带领学生欣赏具有代表性的民族服饰,了解民族服饰中蕴含的民族文化及民族服饰之美。例如,汉族——含蓄严谨;傣族——婀娜多姿;回族——穆斯林式;苗族——银色世界;满族——高贵典雅;蒙古族——草原风情等。学生通过这些内容的学习,初步欣赏民族服饰,了解民族传统文化,感受民族服饰之美。

(二) 教师示范

教师在课堂上通过示范向学生展示民族服饰的制作方法和步骤,解决课程的重难点,同时讲解民族服饰纹样和民族服饰款式的设计方法。教师提前录好微课或者教师课堂现场示范,让学生直观感受创作过程,激发学生的创作兴趣,制定创作目标。学生通过观看学习,总结创作步骤,课后也可继续探究其他形式的表现方式。

(三) 探索表现

学生通过观看教师的示范,学习民族服饰纹样和民族服饰款式的设计知识,采用纹样设计、款式设计、人物手绘、撕纸粘贴、手抄报设计等多种美术形式表现,提高自身创作水平,尝试不同的美术表现方法,感受民族服饰的魅力。

(四) 临摹练习

学生除了课堂的学习时间之外,也需要课外进行临摹练习,如利用周末等空余时间,进行民族服饰元素的临摹练习。引导学生培养自身的动手能力外,也需要有自主学习的能力,做一个会思考、会实践的人。

(五) 小组合作

根据创作目标,学习小组自主进行分工合作,小组长负责布置各成员的具体任务,统筹各自小组的进度,成员尽自己所能完成分配的任务。在合作中,组内成员互相评价,互相帮助,共同完成小组作品,促进成员之间的合作与技能的共同提高。

五、课程评价

评价是美术教学的重要组成部分,是实现美术教学课程目标的有效手段和方法,它贯穿教学的全过程。积极的评价能增强学生的自信心,激发学生学习美术的兴趣和求知欲。为了实现评价内容的多维性和多级性,现以学生的全面发展为根本出发点,从课前准备、课中研学、学习效果三大方面设计了以下评价表格(表6-8)。

表 6-8

评价要素	评价指标	评价等级 ☆☆☆ ☆☆ ☆
课前准备	积极参加美术课,无特殊情况不缺课。	
	课前准备充分,把相应的工具材料整齐放在桌面上。	
课中研学	参与状态:兴趣浓厚,学习状态良好。	
	思维状态:善于思考质疑,提出个人观点,见解独到、有价值,能引发同学思考。	
	合作状态:同伴协作,高品质地完成小组分配的任务。	
	展示状态:大胆自信,语言表达清晰,科学规范运用美术知识踊跃回答问题。	
学习效果	知识:能说出6种以上民族服饰及其特征。	
	技能:能运用2—3种美术表现形式设计民族服饰。	
	过程方法:在自主探究、合作学习中有获取和整理信息的能力。	
	情感态度:有保护、发掘和发展民族服饰的意识。	
	民族服饰作品成果展示。	

(撰稿人:邝文晴　陈宝莹)

第七章
动力性：教师参与课程变革的焦点

教师是参与课程变革的重要主体，激发教师参与课程变革的内在动力是成功实现课程变革的关键因素。学校是教师参与课程变革的主战场，为了提高教师的参与性，学校在绩效奖励、培训制度等方面完善建设，以此来激发教师参与课程变革的动力，维持教师参与课程变革的自觉，强化教师参与课程改革的效能。

激发教师参与课程变革的动力。课程变革最重要的参与者其实是我们自己的一线教师,教师无时无刻不在对课程进行实践、总结、反馈、变革,但研究的过程是辛苦的、难熬的,研究的结果当然也很重要,但怎么去体现教师的研究成果,激发全体教师都能参与,学校在绩效分配这一块要有所体现,而且要有区分等级,做到公平公正,因为这样能充分肯定参与课程变革教师的研究成果,也能激发教师去参与。还有就是增加教师工作的幸福感。提高收入水平是决定教师幸福感的一个重要指标,心情愉悦,工作效率高,自然会有更多的时间去参与课程变革,在研究中提升自己,为学校长远目标的发展贡献自己的力量。其次要继续优化学校的办公条件,环境优美,给人赏心悦目的感觉,增强教师的归属感,与之换来的是教师工作质量的提高和时间的延长,软件和硬件设施跟上,在参与课程变革研究过程中肯定事半功倍,参与的教师会越来越多,百花齐放。

维持教师参与课程变革的动力。学校要营造一个良好的人际关系氛围,领导要经常跟一线教师保持交流,了解教师所需,解决教师所困,尽可能地提供帮助,这样能减少教师的后顾之忧,从而为课程变革提供绿色通道。学校要多提供教师之间合作的机会,给教师一个展示自我的平台,教师之间相互交流,共同研讨,只要有共同的目标,老师们的心就会凝聚在一起,在课程变革的道路上就会维持源源不断的动力。家长是教育的重要参与者,课程变革离不开家长的支持,有效建设家校合作的桥梁,使之沟通顺畅,会大大提高教师敢于参与课程变革的动力。

强化教师参与课程变革的动力。教师参与课程变革需要不断更新自己的认知,需要不断地去学习充实自己,才能有源源不断的动力去参与课程变革。这就需要学校有专门的培训制度去落实,而且鼓励教师去参与,这样才能强化教师参与课程变革的动力。在参与课程变革中,我们要非常重视研究的过程,往往这时候是最多教师参与的一个阶段,也是教师实践的一个重要环节,要认可每一位教师的劳动成果,让教师感受到自己的重要性,继续参与课程变革的研究或者形成自己的研究成果,增强教师的自信心。学校要支持教师的发展,教师把自己的发展与学校的长远目标相结合,通过在课程方面的实践促进变革,优化课程,提升文化自信,强化内在动力。

总之,当教师参与课程变革的主动性和能动性变强时,学校的发展才会越来越好,个人与学校相互促进,相互包容,共同为学生提供更优质的教育,培养更多具有黄埔精神、家国情怀和国际视野的"怡美"少年。

(执笔:张滔)

课程创意 7-1　击剑手

适合对象：二至五年级

一、课程概述

击剑运动是一项历史悠久的传统体育项目。在公元前 11 世纪，古希腊就出现了击剑课，并由剑师讲课。为了研究和推动击剑技术的发展，欧洲各国纷纷成立击剑行会，自此击剑运动成为欧洲贵族运动的宠儿。随着击剑运动的流行和相关比赛在欧洲的开展，击剑也成为国际性的体育竞赛项目，并最早成为奥林匹克大家庭中的一员，包括花剑、重剑和佩剑三个剑种。《义务教育体育与健康课程标准（2011 年版）》在水平二（3 至 4 年级）学习目标中提出，"了解一些奥林匹克运动的知识"，所以开设《击剑手》的课程是对传统体育课程一个很好的补充。本课程的理念为"积极主动，敢于亮剑"，通过学习击剑技巧与礼仪，培养学生良好的身体形态与自信心，通过体验交锋频繁、战术多变的击剑比赛，培养学生灵敏素质、敏捷思维与敢于亮剑的精神。

二、课程目标

1. 通过课程学习，全面提高各项身体素质，重点发展击剑项目专项握力、臂力、核心与下肢力量，提高动作反应速度及移动速度。

2. 通过课程学习，了解击剑项目历史与礼仪、裁判法和竞赛规则，提高欣赏击剑比赛的能力。

3. 通过课程学习，培养专注力、敏捷的思维、坚强的意志品质、集体荣誉感和爱国主义精神。

三、课程内容

模块 1：通过视频、图文等方式讲解击剑项目历史及礼仪（6 课时）

熟悉花剑、佩剑、重剑三个剑种的比赛规则，例如，花、佩、重三个剑种握剑方法、得分方式、得分有效区域和不同的技术特点,让学生对击剑项目有基本的了解与兴趣。

模块 2:学习击剑项目基本功及基本技巧(14 课时)

基本功包括实战姿势、向前及后退的各种步法、弓步、直刺等。基本技巧包括防守、对攻、击打、反攻等。经过该阶段的学习,学生能基本掌握击剑基本功与基本技术并发展学生灵敏素质与下肢力量,为今后持剑比赛打好基础。

模块 3:进行实战比赛,由限定条件的实战比赛过渡到完整的实战比赛(10 课时)

该模块包括四米板实战比赛、无防守动作实战比赛、完整实战比赛等形式。通过不同形式的实战创设正式比赛中最常见的情况,让学生循序渐进地掌握比赛中不同情况技战术的应用,并加深对实战比赛规则的了解。

模块 4:观摩大赛、学习裁判知识(7 课时)

通过观看各级别比赛掌握基础裁判知识与手势,观看优秀运动员比赛,反思自身不足之处,学习高水平运动员的动作及技战术,并为自己设立一名优秀运动员为模仿追赶目标,促进日后训练的积极性。

四、课程实施

本课程活动对象为二至五年级热爱击剑项目的学生。课时安排为 36 课时,每周 1 课时,每课时 40 分钟,以一学年为一个教学周期,遵循以下 5 个原则和 5 个方法确保击剑课程能安全有序地普及开展。

(一)击剑课程实施的原则

1. 安全性原则

根据击剑项目特点,课堂培养学生安全意识,养成训练戴头罩、剑尖指地面的训练习惯。

2. 适应性原则

开展击剑课程必须适应学生身体和心理发育特点,有利于增强学生体质和文化素养。

3. 循序渐进原则

进行锻炼时要根据学生的身体素质,循序渐进地加大运动量、运动强度和运动时间,以达到安全、有效提高身体素质的目标。

4. 全面性原则

坚持课堂教学内容丰富多样,适应小学阶段学生学情,全面促进学生灵敏、速度、柔韧、力量、耐力的身体素质发展。

5. 以人为本原则

击剑课程中加强击剑文化介绍,以育人为主,以学生的发展为本,营造良好的团队意识及击剑文化氛围。

(二) 击剑课程实施的方法

1. 讲解示范法

通过图文视频及教师示范的方式让学生直观了解技术动作,形成正确的动作表象。

2. 分解与完整练习法

根据动作结构与难度将动作拆分为几个部分,进行分解练习,最后再过渡到完整练习,让学生由易到难地掌握正确的动作。

3. 分层训练法

根据学生的不同水平进行分层训练,让学生有合适的练习对象和学习针对性更强的训练内容。

4. 小组竞赛法

通过竞争性的练习与实战,激发学生竞争心理,强化小组凝聚力与集体荣誉感。

5. 欣赏观摩法

通过观看世界性大赛,提高学生反思自我、欣赏比赛的能力,并学习高水平运动员的动作及技战术。

五、课程评价

依据《义务教育体育与健康课程标准(2011年版)》的要求,采用多元的、内容多种的方式进行评价,鼓励学生参与评价的过程,以利于提高学生自我评价、自我发展两方面的能力。所以本课程分别从以下五个方面对学生学习情况进行期末考核:出勤情况、运动参与、击剑基本功、实战比赛、裁判水平。具体评价内容如表7-1所示。

表7-1 "击剑手"课程学习评价表

评价项目	评价标准			评价结果			点评
	优秀	良好	合格	自评	互评	师评	
出勤(10分)	全勤	缺勤3—5次(缺勤一次扣1分)	缺勤6次及以上(缺勤一次扣1分)				
运动参与(10分)	纪律性好、能主动积极参与训练	能主动积极参与训练	基本上能认真训练				
击剑基本功(40分)	动作流畅舒展、能准确刺/批中目标	动作协调流畅、基本能刺/批中目标	动作基本协调流畅				
实战比赛(30分)	能自我调整,积极主动控制对手,正确运用训练技战术	能运用平时训练技战术	较为被动,偶尔能运用训练技战术				
裁判水平(10分)	注意力集中,准确判罚每一剑,裁判手势舒展到位	能正确判罚每一剑,裁判手势准确	基本上能判罚每一剑				
总分							

(撰稿人:陈善奋)

课程创意 7-2　篮球少年

适合对象：四年级

一、课程概述

篮球运动在1891年起源于美国,是詹姆士·奈史密斯发明的。由于受到了儿童投准游戏的启发,詹姆士在健身房3.05米高的墙壁上钉上了装苹果的竹篮子,用足球作为比赛的工具,把学生分为人数相等的两组,他在健身房的中间把足球抛起,两组学生开始抢球,抢到球后通过运球、传球,最终把球投进竹篮子的得1分,最后得分多的一组获胜。由于将球投入篮中得分,所以后来这种运动就被命名为"篮球"。

根据《义务教育体育与健康课程标准(2011年版)》,本课程坚持"健康第一"的指导思想,促进学生健康成长;激发学生的运动兴趣,培养学生锻炼的意识和习惯;以学生发展为中心,帮助学生学会体育与健康学习。篮球能够培养学生的球类运动能力,提高学生的运动协调能力,还能够在运动过程中培养团结合作和奋力拼搏的良好习惯。

小学篮球是学生最热爱的运动之一。学习小学篮球,一方面,能够帮助学生进行适当的运动锻炼,增强身体素质,为未来学习和生活发展奠定了坚实的物质基础;另一方面,能够让学生在运动过程中,养成良好的合作习惯,激发奋力进取的精神,促进非智力因素的健康发展。在教学实践中我们发现,结合教材,确定合理教学目标,优化教学资源手段,创新教学思维模式,不仅能够激发学生热爱篮球运动的激情和兴趣,还能够让学生在运动过程中,增强身体素质,真正实现新课程体育教学"健康第一"的指导思想。

本课程的理念是"活力小少年,赛出篮球梦"。本课程面向学生的校园篮球生活,带领学生走进篮球世界,激发学生对篮球的兴趣爱好,将篮球融入体育课堂,利用篮球课引导学生学习专项技术,加强基本技术,提升技战术能力,从而增强学生的身体素质,培养学生团队合作的精神。

二、课程目标

1. 了解篮球运动的起源,学会篮球基本知识与规则。
2. 对篮球运动产生兴趣,发展跑、运、传、接、投等基本动作技能,增强身体素质。
3. 在学习中充分展现自我活力,体验成功的乐趣,培养坚强毅力和团队合作精神。

三、课程内容

参加本课程的学生,其篮球技术水平参差不齐。为了让学生更好地掌握、提高篮球技术水平,本课程着重打好学生篮球基础,促进学生身心健康发展,从运球、传接球、投篮等技术动作入手,提高跑、跳、投、传、抢等灵巧的基本技术动作。在本课程中,我们将从以下四个模块进行学习。

模块1:篮球起源与规则(11课时)

学生刚参加本课程时,通过利用多媒体和篮球,给学生介绍篮球运动的起源、基本知识,以及国内、外优秀篮球运动员的事迹。通过老师的讲解示范,给学生简单讲解篮球该如何打、如何得分,增强学生对篮球运动的了解。

模块2:运球、传接球、投篮(13课时)

学生学习原地运球、行进间运球、双手胸前传接球、投篮等技术。篮球游戏是本模块教学的辅助手段,以篮球技术动作为内容而进行的游戏、竞赛,其形式生动活泼,简单易行又有竞赛因素。该模块的游戏项目有移动游戏、运球游戏、传球游戏、投篮游戏、"活动篮圈"等。学生在学中玩,在玩中学,增加学生对篮球运动的兴趣,调动学生学习的积极性和主动性。

模块3:移动、体能、技术提升(12课时)

经过前期的学习,本模块的主要任务是加强基本功练习,打好基础,给学生学习反馈,及时纠正学生错误动作。在原有学习基础上,学习防守、进攻的技术动作,以及滑步、交叉步、胯下运球、体前变向换手运球、三步上篮等,提高力量、灵敏、协调、速度、敏捷等素质,发展学生跑、跳、投等基本活动能力,增强体质,促进身心发展。

模块 4：综合能力与竞赛(12 课时)

竞赛是体育教学方法中综合练习法的一种形式，是教学中掌握、巩固技术动作和锻炼身体的重要方法。学生通过比赛，增强参与意识，在本模块给学生安排的速度竞赛有运球比快、传球比快；次数竞赛有投篮比多、传球比多；准确性竞赛有传球比准、投篮比准确性等竞赛方法。另外，适时给学生安排教学比赛(3V3,5V5)，以及简单技战术的运用。

四、课程实施

本课程由体育老师做好课程的前期准备以及课程的开展。课程开展前，备好篮球、标志桶、口哨、小栏架、绳梯等器材，检查场地器材是否存在安全隐患。本课程一周2次课，该课程全学年开展，教学时间累积约48课时。具体实施方法如下。

(一) 游戏辅助法

学生刚接触这门课程时，给学生营造一种轻松、有趣的课堂氛围。学习篮球操，提高学生的球性球感；玩篮球小游戏，学习技能和玩游戏交互进行。

(二) 讲解示范、组织练习法

教师通过形象、生动的语言讲解及准确的动作示范，利用多媒体技术，在学生头脑中建立动作表象，然后组织学生进行技术动作的练习。

学习运球、传接球、投篮、移动等技术，技术动作学习循序渐进，练习难度从小到大，如徒手、带球、原地练习、行进练习、绕障碍练习。学生掌握之后进行组合练习，例如，行进间运球接三步上篮、行进间双手胸前传接球接三步上篮等。

(三) 因材施教、纠正错误法

学生存在个体差异，教师针对学生的特点，给学生安排专项训练，通过观看比赛录像让学生明白自身缺点和特点，纠正学生存在的问题，促进学生能力的发展。

(四) 以赛代练法

每年组织一次校内篮球比赛，先由东、西、北三校区分别组织比赛，决出三支冠军队伍，再决出三校区的总冠军。通过比赛发现自身存在的不足，促使学生有更大的进步。

五、课程评价

分开测评:依照评价表的标准,分别从出勤、活动参与、运动成绩三方面进行分块测评。

学生综合评价:按出勤20%,活动参与20%,运动成绩60%的标准评价,将三个板块中的等级按优秀计95分,良好计84分,及格计74分,折算出综合得分。

综合评定等级:根据综合得分,85分及以上为优秀,75—84分为良好,60—74分为合格,60分以下为待合格。

具体评价内容如表7-2所示。

表7-2 "篮球少年"课程学习评价表

评价项目		评价标准			评价结果			点评
^		优秀	良好	合格	自评	互评	师评	^
出勤		全勤	缺勤3—5次(缺勤一次扣5分)	缺勤6次及以上(缺勤一次扣5分)				
活动参与		积极参与示范	积极练习	能在老师的指导下参与练习				
运动成绩	篮球基本功	熟练掌握篮球基本功,在比赛中能够合理利用	比较熟练掌握篮球基本功,在比赛中能够运用技术	基本掌握篮球基本功,动作基本连贯				
^	身体素质	能够超量完成训练强度,并能按自己身体所能承受的量进行练习	能够按时按量完成任务	在老师的督促下勉强能完成任务				
^	战术板演示能力	思路清晰,对简单的战术配合能熟练掌握,并对一些战术有自己的见解	对简单的战术基本能掌握好	在老师的指导下能够演示简单的战术				

续 表

评价项目	评价标准			评价结果			点评
	优秀	良好	合格	自评	互评	师评	
技战术配合	能够熟练掌握比赛中的5V5比赛配合、半场3V3、以多打少战术、以少防多战术等	能掌握5V5比赛配合、半场3V3、以多打少战术、以少防多战术等	能掌握半场3V3、以多打少战术、以少防多战术等				
总分							

（撰稿人：黄奕贸　周家杰　刘杰武）

课程创意 7-3　绳彩飞扬

适用对象：一至六年级

一、课程概述

跳绳是一项非常有效的有氧运动，可以增强心肺功能，让血液获得更多的氧气，使心血管系统保持强壮和健康。跳绳除了拥有运动的一般益处外，更有很多独特的优点，如每次跳绳半个小时可消耗热量四百卡路里，是一项健美运动。

《义务教育体育与健康课程标准（2011年版）》提出，"体育与健康课程以'健康第一'为指导思想"，贯彻"以学生发展为中心"，重视学生的主导地位，关注学生个体发展的差异，激发学生的体育兴趣。本课程改变单一的教学方式，淡化枯燥的跳绳练习，能让学生进行主动式、探究式的学习，做到寓教于乐，使学生在轻松愉快中完成教学目标，并从中学到一些简单的动作方法和活动技能，培养学生从小树立"健康第一"的理念，这是设计本课程的基本指导思想。

青少年正处于生长发育期，跳绳能增强人体心血管、呼吸和神经系统的功能，并能刺激生长激素分泌，促进身高增长，增进器官发育。

跳绳还可以锻炼肌肉力量及耐力，并能使动作敏捷，稳定身体的重心，活动和运动时不容易受到损伤。

很多青少年有肥胖的问题，跳绳是一项有氧运动，连续性跳绳可以燃烧掉大量脂肪，对减肥、降血脂具有积极作用。

花样跳绳是在汲取中华民族传统体育项目跳绳运动的精华，结合现代表演项目特色基础上发展而来的，融汇舞蹈、体操、武术、杂技、音乐等现代元素精粹，在绳艺、绳技、绳舞、绳操等方面使跳绳者的个性得到淋漓尽致的发挥。花样跳绳花式繁多、新颖别致、动感十足，是成功吸引人眼球的时尚运动之一。

本课程的理念是"跳出健康，魅力无限"。通过跳绳运动促进青少年健康发育，加快胃肠蠕动和血液循环，促进机体的新陈代谢。同时提高青少年记忆能力，锻炼青少年的平衡感和节奏感，让左脑和右脑平衡、协调地发展。在跳绳活动中，形成组织纪律性,培养团结协作精神和集体主义观念。

二、课程目标

1. 了解跳绳运动的起源和发展,知晓经常开展跳绳运动的好处。
2. 学生能掌握花样跳绳大众等级一、二难度的动作和基本的裁判知识。
3. 发展学生上下肢的协调,培养学生团队合作意识的形成和积极参与锻炼的习惯。

三、课程内容

本课程设计的基本思路是:根据班级的跳绳水平划分学习,有计划和有针对性地设立跳绳难度,安排以下三个模块的学习内容。

模块1:了解历史与种类(3课时)

识别跳绳绳具的分类(竹节绳、速度钢丝绳、胶绳),以及花样跳绳的种类(个人绳、两人一绳、车轮跳、交互绳、长绳)。

模块2:速度类技巧学习(5课时)

30秒速度单摇跳、30秒速度双摇、30秒交叉单摇跳、30秒交互绳速度跳、三分钟10人长绳8字跳。

花样类:团体花样学习内容包括大众等级一、二级;个人花样学习内容为单脚跳、并脚跳、交叉跳、开合跳、勾脚点地跳、吸腿跳、弓步跳、绕绳等。

模块3:裁判规则学习与比赛(2课时)

在学习过程中渗透裁判知识,认识跳绳规则从而在此基础上提高运动水平。

四、课程实施

本课程采用自编教程、体育与健康教材、互联网信息、音乐资料等为课程资源,适用于一至六年级的初学者。课时安排为一个教学周期,每周2课时,每节课40分钟,共10个课时。为每名学生配发一根竹节绳,为各班配发4条长绳。

(一) 教师讲解示范

教师用技术的讲解和准确的动作示范,让学生在直观上认识整体基本动作技术,正确掌握动作要领。

(二) 小组合作学习法

在练习过程中,倡导和鼓励学生互帮互助,体验运动带来的乐趣,激发学生之间的团队合作精神。

(三) 团队竞赛法

采取自由分组,保证每队人数和水平相当,根据每节课学生掌握的基本技术,课堂最后十分钟分组进行课堂学习内容成果展示或分组进行比赛。

(四) 观摩大赛,学习裁判规则法

花样跳绳不仅种类繁多,而且裁判知识也很多。为了避免学生的遗忘,教师采用动作联创的方式变成套路,学生掌握动作后开展跳绳小比赛,让学生实践运用裁判知识。

五、课程评价

本课程采用的评价模式是"参与性评价"和"终结性评价",除了教师的评价外,还参考学生之间的相互评价意见(表7-3)。学生的最终评价分4个等级,即优秀(90分以上)、良好(70—89分)、及格(60—69分)、不及格(60分以下)。

表7-3 评价表

内容	要求	分值	自评(20%)	互评(30%)	师评(50%)	综合评价
出勤情况	按时出勤(全勤20分,缺勤一次扣0.5分)	20				
活动参与	遵守纪律(20分,违反要求一次扣1分)	20				
运动成绩	按成绩评分标准(表7-4)	30				
30秒花样跳绳展示	动作示范准确、连贯,身体姿态优美、创新,失误次数少等	30				

表7-4 一分钟跳绳评分标准(示例)

单项得分	一年级	二年级	三年级	四年级	五年级	六年级
100	117	127	139	149	158	166
95	110	120	132	142	151	159
90	103	113	125	135	144	152
85	95	105	117	127	136	144
80	87	97	109	119	128	136
78	80	90	102	112	121	129
76	73	83	95	105	114	122
74	66	76	88	98	107	115
72	59	69	81	91	100	108
70	52	62	74	84	93	101
68	45	55	67	77	86	94
66	38	48	60	70	79	87
64	31	41	53	63	72	80
62	24	34	46	56	65	73
60	17	27	39	49	58	66
50	14	24	36	46	55	63
40	11	21	33	43	52	60
30	8	18	30	40	49	57
20	5	15	27	37	46	54
10	2	12	24	34	43	51

(撰稿人:徐俊强 曹彩桃)

课程创意 7-4　田径健将

适合对象：三至六年级

一、课程概述

田径运动历史悠久，起源于人类的基本生存与生活活动，最早的田径比赛是在公元前 776 年的古希腊奥林匹亚村举行，从那时起，田径运动成为正式的比赛项目之一。田径运动是指由走、跑、跳跃、投掷等运动项目及其由部分项目组成的全能运动项目的总称。《义务教育体育与健康课程标准（2022 年版）》提出水平二（3—4 年级）运动技能的学习目标是"学习奥林匹克运动的相关知识"，所以开设"田径健将"课程是对传统体育课程一个很好的补充。

田径运动具有其他运动项目无法代替的优势。它有利于发展力量、耐力、速度、灵敏、变相、柔韧等身体素质与身体机能；有利于培养勇敢顽强的意志品质，满足现代学生自我价值的实现的需要。因此我们开设了"田径健将"课程，为学生搭建成长平台。

本课程结合《义务教育体育与健康课程标准（2022 年版）》来开展课程活动，包括运动参与目标（参与体育学习和锻炼；体验运动乐趣与成功），以及运动技能目标（学习体育运动知识；掌握运动技能和方法；增强安全意识与防范能力）。本课程的理念是"尽我所能、怡身健体"。在课程实施中，组织体育成绩比较优秀或运动天赋比较好的学生参与训练。在训练中尽学生所能，培养某项或者几项特长，从而强壮其体魄。

二、课程目标

1. 运动技能目标：通过观察与了解走、跑、跳、投的相关知识，体验并掌握走、跑、跳、投技术动作。

2. 生理健康目标：学习练习的方法，通过练习提高运动能力，使身心得到全面、均衡的发展。

3. 心理健康目标：在训练过程中，培养吃苦耐劳的意志品质以及团队合作精神。

三、课程内容

本课程的授课对象都是怡园小学田径队的队员,本课程是在常规训练之余,充分利用本课的学习时间,对田径知识进行查漏补缺,对运动水平进行提高。本课程共安排了四个模块的教学内容。

模块1:田径基础知识(2课时)

通过讲授田径相关知识,使学生对田径增进了解,能自然过渡到学习训练当中。学生课前收集有关奥运会田径项目的资料,课上相互交流,从中学习并掌握一些田径规则。丰富学生的知识面,激发学生对田径的好奇心和学习田径的兴趣。

模块2:田径比赛视频欣赏(1课时)

学生通过观看奥运会中国优秀运动员的纪录片与比赛集锦(拟定刘翔与苏炳添的视频片段),不断提高对各种大型比赛的理解能力,树立一位学习的榜样人物。利用现代化多媒体电教手段来吸引学生的注意力,提高其学习兴趣,促使其积极主动的投入课程的学习中。

模块3:基础技能学习与训练(10课时)

1. 通过学习,初步掌握短跑(60米)、中长跑(400米)、跳远的基本能力与技术动作,掌握练习方法。

2. 通过训练,使身体的各个部位得到适当的拉伸,增强身体的灵活性和协调性,能够很好地适应田径比赛的节奏。

3. 提高身体机能的机动性和协调性,促进的骨骼发育,增强身体素质。

4. 在学习过程中将水平相近的学生分成一组,进行分组练习,营造比赛气氛,在比赛的气氛中练习,激发潜能,不断超越自我。

模块4:成果展示(2课时)

1. 通过一学期的学习,给学生一个展示学习成果的舞台,检验自己是否充分掌握田径的运动技能。

2. 举办一个小型田径运动会,让学生充分感受田径的魅力,从而爱上田径运动,培养学生养成终身体育锻炼的良好习惯。

四、课程实施

本课程实施之前,准备好上课的资源,包括自编教材、奥运会中国优秀运动员的纪录片与比赛集锦、期末评价标准。本课有两个教学场地,分别是多媒体课室与环形田径跑道。上课时间为每周一节,一节课为 50 分钟。每学期上 15 课时,每学年一共有 30 课时,上课过程中做好安全教育。本课程的具体实施方法如下。

(一) 视频教学法

通过收看视频,了解田径比赛。具体视频参看奥运会田径比赛视频及刘翔的比赛集锦与纪录片。每次播放,可以有选择地截取视频片段。

(二) 讨论教学法

课前收集有关奥运会田径比赛的资料,课上相互讨论,在适当的时机给予一些点拨,使学生对田径的知识有深刻的了解。

(三) 讲解示范法

在练习前先观察教师的动作示范,然后学习基本技术动作。如在讲授跑的技术动作时,教师应先完成动作示范,然后讲解跑的摆臂动作,让学生把摆臂动作做好了后,再在跑的过程中加上摆臂的动作。

(四) 对比教学法

教师在教某一个技术动作时,可以让学生之间进行动作比对,看看谁的动作做得好,好在哪里,从而更好地掌握动作要领。

(五) 竞赛教学法

通过队内比赛以及和其他学校进行比赛来激发学习兴趣和提高运动成绩。如在练习过程中进行分组练习,并在小组内比比谁能更好地完成练习。

五、课程评价

本课程将从过程性评价与运动成绩评价两个方面进行考核。注重过程和过程中学生的参与度和体验度,重视师生之间、同伴之间对彼此个性化表现进行的评定、鉴赏。坚持自我评价和他人评价、个别评价与集体评价相结合,本着以评价促进自主学习的目的,使更多的学生得到激励。

(一) 过程性评价

从出勤情况、每次课间考核、登记、活动过程参与训练中的主动性、积极性以及精神面貌几方面评出田径健将大明星、田径健将小明星、田径健将未来星、田径健将潜力星。其中,出席缺一次扣5分,扣完为止。评价内容详见表7-5。

表7-5 过程性评价表

田径健将大明星	积极主动参与,精神面貌较好,能按教师要求高标准完成,缺席2次以内
田径健将小明星	参与性一般,精神面貌好,能很好地完成教师布置的任务,缺席3次以内
田径健将潜力星	基本能完成教师布置的任务,精神面貌一般,缺席5次以内
田径健将未来星	不能完成教师布置的任务,缺席8次以上

(二) 结果性评价

根据黄埔区中小学生运动会赛会达标标准和黄埔区体育课标准制定运动成绩评价表(表7-6),本课程运动成绩考核从60米、400米和跳远三个方向进行评价(表7-7)。

表7-6 运动成绩评价表

班级	姓名	性别	考核项目			综合成绩
			60米	400米(分)	跳远(米)	

表7-7 运动成绩考核标准

分数	60米（秒） 男子	60米（秒） 女子	400米（分） 男子	400米（分） 女子	跳远（米） 男子	跳远（米） 女子
100	8.7	9.0	1.10	1.15	4.20	4.00
90	8.9	9.2	1.13	1.19	4.00	3.70
80	9.1	9.4	1.17	1.22	3.80	3.35
70	9.3	9.5	1.20	1.25	3.60	3.30
60	9.4	9.8	1.25	1.28	3.20	3.00
50	9.7	10.0	1.30	1.35	3.00	2.90

（撰稿人：吴海涛）

课程创意 7-5　足球小将

适合对象：五年级

一、课程概述

足球运动是一项古老的体育运动，源远流长。在我国约两千五百年以前的文字记载中，当时的足球运动被称为"蹴鞠"，"蹴"就是踢的意思，"鞠"就是球。蹴鞠运动在我国经历了汉、唐、宋、元、明、清等朝代，史实证明，足球游戏起源于古代中国。足球已成为世界人民喜爱的一项体育运动。

"足球小将"课程依据《义务教育体育与健康课程标准（2011年版）》设置，课程的理念是"健康第一，怡心怡身"，旨在让学生在快乐的氛围中玩转足球。足球运动是一项体现合作与共赢的运动，在足球游戏或比赛过程中，意志力、责任感、沟通能力、抗压能力、团队合作意识、勇于拼搏意识等情商重要的组成方面都可以有所体现。足球项目已真正走进校园，成为学生校园文化的一部分。在青少年中普及足球知识技能，有助于培养全面发展、特长突出的足球后备人才。

二、课程目标

1. 在对足球基本技术熟练的基础上，了解比赛规则。
2. 通过简单的游戏比赛和练习提高学生的身体素质。
3. 培养学生的自信心、意志品质和团队合作的精神。

三、课程内容

参加本课程需要有一定的足球基础，考虑到掌握足球技能是进行足球比赛的基础，本课程先巩固基本功的练习，然后再安排战术和比赛的学习内容。

模块1：足球基本功训练

推、拉、带、停技术的巩固和高空球起停技术的加强练习。

模块2：足球战术训练

观看足球比赛教学视频，利用战术板进行演示，学生明确自己的位置和球场上的走位打法，学生自己交流并在战术板上演示。

模块3：身体力量训练

足球相关急停转身，有氧、无氧跑动，力量的身体素质练习。

模块4：观摩比赛，学习裁判知识

课堂上普及裁判知识，组织学生观看各级联赛，通过观察执法裁判的手势和跑位，深入学习裁判知识，让学生能为学校的足球联赛贡献自己的力量。

模块5：参加各种赛事

学校组织班内对抗赛、班级联赛和年级赛等，使学生熟练运用足球技巧和熟悉比赛规则。

挑选年级内优秀的学生组成校代表队参加上一级的比赛，进一步提高学生参加比赛的自信心和团结合作的精神。

推荐优秀学生到区、市参加选拔，形成榜样作用，进一步带动校园足球的积极发展。

四、课程实施

本课程通过自编的讲义、战术板的演示、教学视频等多种渠道获取资源。课时安排共16课时，每课时40分钟，以一学期为一个教学周期。学校为每个学生准备一个足球、训练背心以及相关的足球器材，保障课程的顺利进行。

（一）大赛观摩法

学生通过观摩足球比赛为平时枯燥的学习注入新鲜的空气，提高练习的兴趣，也可以从中模仿和学习到更多的足球技巧和战术打法，更能坚定自己的目标，从而超越。

（二）分层教学法

足球课堂中可以依据水平不同进行分层教学，也可以对男女进行分层教学，对同一教材内容提出不同的难度要求，重视学生的主体地位，关注学生的个体差异和不同需求，确保每一位学生受益。

(三) 小组训练法

由于课堂人数太多,如果集中进行教学,练习的效率会非常低,练习的密度也达不到。分开小组进行训练,由小组长带领,教师分配任务和寻常指导,这样不仅使练习的强度和密度增加,有利于巩固和提高技能,也能让小组的学生进行交流,充分体验做课堂的主人,增加练习的乐趣。

(四) 竞赛教学法

学生最喜欢的就是比赛,比赛能激发学生的斗志,也是展现自己学习成果的最佳方法。"以赛促练",通过比赛发现自己的短处和长处,从而扬长补短,提升自己的技能。

五、课程评价

考核由出勤情况、活动参与和运动技能三部分组成,其中,出勤占 10 分,缺勤一次扣 1 分,扣完即止;活动参与占 30 分,25 分以上为优秀,20 分以上为良好,20 分以下为合格;运动技能占 60 分,55 分以上为优秀,50 分以上为良好,45 分以上为合格。评价内容详见表 7-8。

综合评定等级根据综合得分,80 分及以上为优秀,70—79 分为良好,60—69 分为合格。

表 7-8 "足球小将"课程学习评价表

评价项目		评价标准			评价结果			点评
		优秀	良好	合格	自评	互评	师评	
活动参与		积极参与示范 (25—30 分)	积极练习 (20—24 分)	能在老师的指导下参与练习(19 分以下)				
运动成绩	分数	(55—60 分)	(50—54 分)	(49 分以下)				
	足球基本功	熟练掌握足球基本功,在比赛中能够合理利用	比较熟练掌握足球基本功,在比赛中能够运用技术	基本掌握足球基本功,动作基本连贯				

续 表

评价项目	评价标准			评价结果			点评
	优秀	良好	合格	自评	互评	师评	
身体素质	能够超量完成训练强度,并能按自己身体所能承受的量进行练习	能够按时按量完成任务	在老师的督促下勉强能完成任务				
战术板演示能力	思路清晰,对简单的战术配合能熟练掌握,并对一些战术有自己的见解	对简单的战术基本能掌握好	在老师的指导下能够演示简单的战术				
技战术配合	能够熟练掌握比赛中的5V5比赛配合、半场3V3、以多打少战术、以少防多战术等	能掌握5V5比赛配合、半场3V3、以多打少战术、以少防多战术等	能掌握半场3V3、以多打少战术、以少防多战术等				
考勤(10分)							
总分							

(撰稿人:张滔　符成武)

第八章

整体性：教师参与课程变革的视点

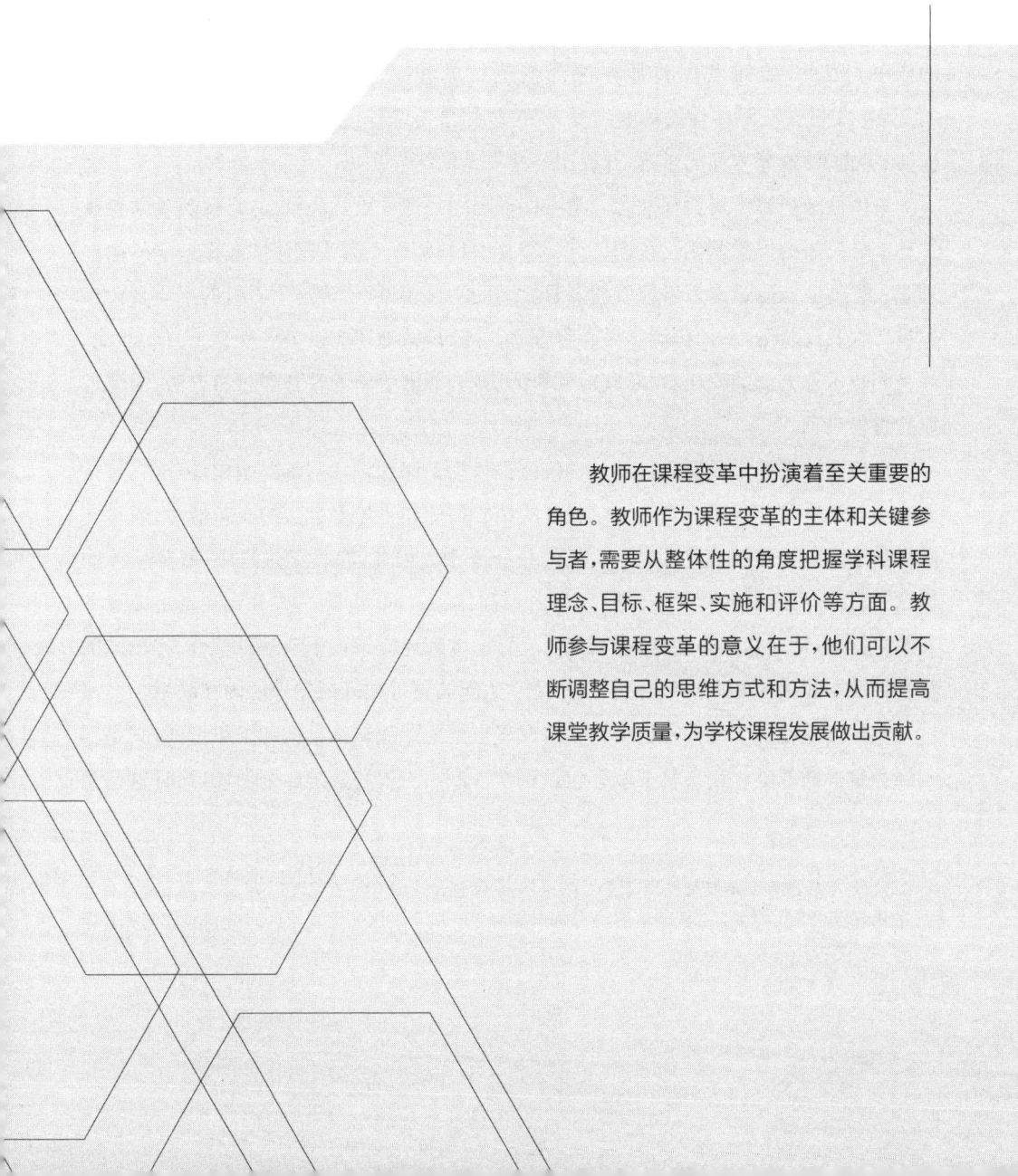

教师在课程变革中扮演着至关重要的角色。教师作为课程变革的主体和关键参与者，需要从整体性的角度把握学科课程理念、目标、框架、实施和评价等方面。教师参与课程变革的意义在于，他们可以不断调整自己的思维方式和方法，从而提高课堂教学质量，为学校课程发展做出贡献。

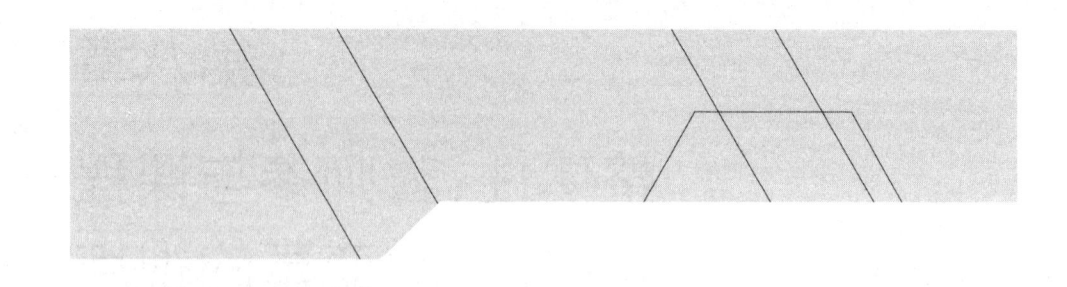

随着社会经济的发展和教育观念的转变,课程变革逐渐成为各个学段教育的重要任务之一。而作为课程实施的主体和关键参与者,教师在课程变革中发挥着不可或缺的作用。因此,如何发挥教师在课程变革中的积极作用,是一个亟待解决的问题。① 本文旨在从整体性的角度出发,探讨教师参与课程变革对学科课程理念、目标、框架、实施、评价等方面的影响,并提出一些有益的指导意见。

整体性地把握学科课程理念。学科课程理念是课程设计的核心,它反映了学科认知和学科发展的思想基础。在创美科学教育中,教师首先需要整体性地把握学科课程理念。教师应该通过深入研究所授课程所属的学科领域,了解这个学科的本质、特点、发展历程及现状等,从而把握学科课程理念。同时,教师还应该关注社会、文化、政治、经济和技术等方面的变化,判断其对学科的影响,并借鉴新的教育理念和方法,为课程设计提供启示。②

整体性地把握学科课程目标。学科课程目标是课程设计的重要组成部分,它直接影响着教学质量和效果。创美科学教育的核心目标在于培养学生的实践能力,通过实际操作来深入了解知识点并提升自己的技能水平。因此,在教学过程中,教师应该明确这些目标,并将其转化为具体的教学内容和任务。同时,要注重引导学生主动思考和解决问题,从而达到全面发展的目标。另外,教师还应该注重跨学科整合,将不同的学科领域中相关的知识点整合到一起,使学生能够更好地理解知识的内在联系。

整体性地把握学科课程框架。学科课程框架是课程整体结构和组织形式,它是实现课程目标的基础。创美科学教育包括科学、技术、工程和数学四个领域,而且这些领

---

① 韩晓霞.学校课程变革复杂性研究[D].南京:南京师范大学,2018.
② 纪乐,代建军.教师参与课程变革的动力机制建构——基于心理契约理论的研究[J].江苏教育研究,2022(26):3—8.

域之间存在着内在的逻辑关系。① 因此,在课程设计中,教师需要掌握这些领域之间的联系,并形成一个完整、系统的知识结构。同时,也要注重培养学生的学习能力和解决问题的能力,引导他们从知识的表层到深度,从应用到创新。这有助于让学生具备更广阔的视野和变革的动力。

整体性地把握学科课程实施。学科课程实施是将课程目标转化为实际的教学活动和过程。在创美科学教育中,教师需要整体性地把握学科课程实施。具体来说,教师需要制定全面有效的课程实施方案,注重实践操作环节的设计和实施,以促进学生对知识的理解和掌握。同时,鼓励学生主动参与综合性实践活动,通过团队合作来提高学生的交流能力和协作能力。要让学生成为真正的"实践者",需要不断地对他们进行指导和引导,从而培养出他们的实践能力。②

整体性地把握学科课程评价。学科课程评价是对学生学习情况的反馈和统计分析,也是课程设计和实施的重要参考依据。在创美科学教育中,教师需要整体性地把握学科课程评价。具体来说,需要制定多元、全面的课程评价方案,考查学生在知识、技能和素质方面的综合表现。这包括实践环节的表现、课堂学习的情况、作品的质量等多个方面。通过这些评价方式,可以帮助学生理解自己的优势和不足,并研究适合他们的个性化发展方案。③

总之,教师作为课程变革的主体和关键参与者,需要从整体性的角度把握学科课程理念、目标、框架、实施和评价等方面。在整体性的基础上,注重培养学生的实践能力,引导学生主动思考和解决问题,同时也要关注团队合作和交流等方面。教师参与课程变革的意义在于,他们可以不断调整自己的思维方式和方法,从而提高课堂教学质量,为创美科学教育的发展做出重要贡献。在实际操作中,教师需要更加注重学生的实践能力培养,鼓励他们积极思考、勇于尝试,从而获得实践经验和技能水平的提升,最终达到促进学生全面发展的目标。

(执笔:林光荣)

---

① 左崇良,祝志敏.STEAM教育的核心要义与课程变革[J].教育导刊,2021(1):53—60.
② 王振存,张清宇.未来课程变革的内涵、样态及实施路径[J].课程·教材·教法,2022,42(1):4—9.
③ 蔡玫瑰.核心素养下实施综合实践活动课程评价的思考与实践——以教育科学出版社五年级下册综合实践活动课程为例[J].文理导航(上旬),2021(12):55—56.

课程创意 8-1　地球之旅

适合对象：五至六年级

一、课程概述

地球是目前人们认识到的宇宙中唯一适合人类生存的星球。在"地球之旅"课程中，我们将要学习的内容有：地球中的有关现象、事物和规律，以及地球上存在的生物，了解关于地球的基本知识，能运用各种方法进行研究。

课程中，学生将认识地球上各种各样的环境和生物，了解一些人类比较难以企及的地方，同时明白人类对它们生存造成的影响，交流讨论，互相学习，总结出今后该如何以绿色环保的方式保护地球，在地球家园生活得更美好。

根据《义务教育科学课程标准（2022年版）》的基本理念，科学探究是人们探索和了解自然、获得科学知识的重要方法。以证据为基础，运用各种信息分析和逻辑推理得出结论，公开研究结果，接受质疑，不断更新和深入，是科学探究的主要特点。本课程将有助于激发学生对地球的探究热情，培养其空间想象、模型思维、逻辑推理等能力，初步建立科学的宇宙观和自然观，以及人地协调的可持续发展观。

本课程的理念是"了解地球，接触自然"。本课程倡导以探究式学习为主的多样化学习方式，促进学生主动探究。在实施过程中放手让学生自己参与学习的全过程，广泛开展小组合作学习。注重创设学习环境，为学生提供更多自主选择的学习空间和探究式学习机会，积累生活经验，增强课程的意义性和趣味性。重视互动，引导学生对所学知识和方法进行总结与反思，使学生逐步学会调整学习方法，克服学习过程中的困难，成为一个具有终身学习能力的学习者。

二、课程目标

1. 了解关于地球的基本知识，对地球有基本的认知，激发学习兴趣。
2. 探索世界上一些不为人知的动、植物生活情况，知晓人类活动对地球环境的影响,以理论为基础,讨论并研究今后如何解决保护地球所遇到的各种问题,提高学习水平。

3. 积极开展交流,组织学术探讨,培养为国家富强而自强不息、开拓、创新的奋斗精神。

三、课程内容

培育具有绿色环保精神的个人品质,关乎着今后人类在地球的生活,科学技术在进步的同时,我们更应该爱护地球,保护地球,这是国民科学文化素质发展的重要标志。在"地球之旅"课程里,结合学生实际学情和学校的软硬件环境等情况,本课程主要分为以下三个模块。

模块1:地球多姿多彩的地域学习

借助纪录片《地球脉动》等视频资料,有选择地截取视频片段,了解人类极少涉足的地域,学习它们的形成成因、对生物的生活影响和居住在此地的生物的特点等。开拓学生的思维与眼界,使其不再仅限于城市生活。对学生进行科学观念的普及和科学方法的教学,启蒙学生的世界观。

模块2:地球种类繁多的生物学习

利用图片、PPT、视频等多渠道让学生学习人类极少涉足的地域中的生物,了解这些生物的生活方式,以及它们如何适应自身的生存环境和能够在大自然中不被淘汰的优势等。学习人类的活动对生物生存的影响,包括生物之间的互相影响。

模块3:开展研讨活动和主题总结发言

按照地域与地域、生物与生物和地域与生物的关系三个内容,每一个内容设计讨论的主题,在小组里展开探究。锻炼学生团队合作能力和探究精神,了解更多的地球常识,激发学生对科学的向往,丰富学生的生活。

通过分享小组的研讨成果与经验,展示自己对于地球的了解,彼此之间互通有无,合作学习,提高探究学习能力,提高学术能力。

主题总结发言后,由学生对学习成果进行点评互动,总结提高。最后由教师统一总结和评价,选出合适建议,倡导大家今后为建设美好地球家园和可持续发展共同努力,为推进社会主义生态文明建设做出贡献。

四、课程实施

本课程实施之前需做好相应准备，如 PPT、图片、视频和网络资源等，以及教师和学生的器材和用具。本课程共 14 课时，具体实施方法如下。

（一）视频教学法

学生通过收看视频，拓宽知识面。例如，观看中央电视台播放的 11 集纪录片《地球脉动》和其他教学视频等。每次播放，教师可以有选择地截取视频片段，有针对性地提高学生的知识水平。

（二）讨论教学法

按照地域与地域、生物与生物和地域与生物的关系三个内容，每一个内容设计讨论的主题，在小组里展开研讨活动，以探究式学习为主的多样化学习方式，促进学生主动探究讨论。

（三）实践教学法

以小组为单位，搜集和加工信息，通过交流与合作等途径分享小组研讨成果和经验，展示自己对于地球各方面的了解，彼此之间互通有无，合作学习，提高实践能力。

（四）探究教学法

汇总学生的总结后，大家一起选出合适建议，倡导学生今后为建设美好地球家园共同努力，这有助于激发学生对地球的探究热情，一起探究合适的可持续发展道路，为推进社会主义生态文明建设做出贡献，为学生提供更多自主选择的学习空间和探究式学习机会。

五、课程评价

本课程的评价注重学习过程和重视非预期结果，是一种真实的课程评价方法，更是一种有意义的课程实施方式。可以采取小组展示形式，也可以采取个人展示形式，重点在于关注学生学习过程中的学习方式，通过对学习方式的评价将学生的学习引向深层。将评价的视野投向学生的整个学习经验领域，凡是有价值的学习结果都应得到肯定的评价。引导学生对自己在活动中的表现进行自我反思性评价，增强集体合作的意识,提高参与兴趣,激发学习动力,培养独立探究解决问题的意识。鼓励创新思维,对活动中出现的新颖思维及时给予肯定和赞扬。

评分标准如表 8-1 所示。

表 8-1

评分内容	具体要求	得分
主题发言(30 分)	资料紧扣主题,表达观点具有科学意义,具有科学实践可能性,帮助解决问题,改善人类生活,思维创新独特	
学生行为(30 分)	自主发现问题,积极参与探究,善于合作,清晰阐述自己的科学观点,敢于质疑,精准演示,科学见解独特	
研讨交流与小组合作(20 分)	组内同学各抒己见,集思广益,大胆发言,勇于创新,氛围热烈,气氛良好;组内关系和谐,同学相互配合,相互适应,相互促进,协调发展,共同进步,解决问题	
科学素养(10 分)	学生在科学知识、实践能力、创新能力等方面得到有效发展	
语言表达(5 分)	吐字清晰,声音响亮,普通话标准,语速适中,表达流畅,整体效果良好,富有感染力	
形象风度(5 分)	要求衣着整洁,仪态端庄大方,举止自然、得体,体现朝气蓬勃的精神风貌	
总分(100 分)		

(撰稿人:刘锦豪)

课程创意 8-2　我是小小科学家

适合对象：四年级

一、课程概述

习近平总书记在全国科技创新大会上强调"科技兴则民族兴,科技强则国家强",要将科技自立自强作为国家发展的战略支撑。因此,广泛普及科学知识,弘扬科学精神,强化创新思维,培养科技创新后备人才刻不容缓。而小学阶段的孩子对于科学现象有着比较强烈的好奇心,对科学知识也非常感兴趣,因此早期的科学教育对一个人科学素养的形成具有十分重要的作用。

根据《义务教育科学课程标准(2022年版)》的基本理念,小学科学课程要求学生在科学探究活动中主动与他人合作,积极参与交流和讨论,尊重他人的情感和态度。但在授课的过程中我们发现,大部分学生动手能力比较差,合作意识也相对薄弱。本课程通过设计知识性、趣味性和实践性都很强的科技活动,鼓励学生进行科学探究,同时设置小组合作探究的模式,旨在培养学生的动手能力和合作意识,发挥学生的创造性。其中看一看、玩一玩、做一做和画一画四个模块,以多种方式,从多个维度培养学生的综合能力,发挥早期科学教育在学生科学素养培养上的重要作用,并在一定程度上弥补了课堂科学课程教学在实践性、趣味性和科技性方面的不足。

本课程的理念是"每周一个小实验,陪你一起学科学",旨在解放孩子的双手,解放他们的思维,让他们在轻松愉快的情境中和科学打交道。

二、课程目标

1. 激发向科学家学习的意识。让学生通过对科学家生平事迹的了解,对自身进行反思,并向科学家学习,提升自我,争当一名小小科学家。

2. 培养科学探究能力。通过有趣、适合操作的实验,学习怎样进行规范的实验操作,逐步培养严谨的科学态度。

3. 培养合作动手能力。通过科技小发明的设计、组装等,培养动手能力,通过小组活动,培养合作意识。

三、课程内容

为培养学生的综合素养,本课程内容分为四个模块:一是"看一看",通过观看视频了解科学家的生平事迹,对自我进行反思;二是"玩一玩",在玩的过程中学科学;三是"做一做",通过自己动手操作培养动手能力和合作意识;最后是"画一画",将所学知识进行整理,从而进一步巩固所学。

模块 1:看一看(5 课时)

观看动画版科学家的生平事迹,以浅显易懂的方式了解科学家的蓄力时刻和高光时刻。

(一) 国内著名科学家

邓稼先:出生于安徽怀宁,著名核物理学家。

钱学森:出生于上海,著名核物理学家。

于敏:出生于河北宁河,著名核物理学家。

(二) 国外著名科学家。

莱特兄弟:他们出生于美国,世界著名科学家、飞机发明者。

伽利略·伽利雷:意大利数学家、物理学家、天文学家。

艾萨克·牛顿:英国物理学家、数学家、科学家。

阿尔伯特·爱因斯坦:出生于德国,犹太裔物理学家。

亚历山大·格拉汉姆·贝尔:美国企业家、发明家。

詹姆斯·瓦特:英国著名发明家。

迈克尔·法拉第:英国物理学家、化学家。

模块 2:玩一玩(6 课时)

通过小组合作,进行实验探究,培养兴趣的同时了解其中的科学知识,学会与他人合作。

(一) 运动和力实验

运动和力实验涉及的生活现象是学生日常生活中最常接触到的,但是却很难用科学语言对其进行解释。在本小节,孩子们可以通过"神奇的书"了解摩擦力,通过"巧辨生熟鸡蛋"了解惯性,并配合有趣的探究视频——大科学实验之"快速抽走超大桌布"进一步了解科学家牛顿曾经提出的"惯性定律"。

(二) 热学实验

热学是研究物质处于热状态时的有关性质和规律的物理学分支,它起源于人类对冷热现象的探索。本小节设置的探究实验有:热运动——海底火山,沸点——针筒烧开水等。

(三) 化学实验

化学是科学这门综合学科中很重要的一个分支,也是更高年级学习中必修的一门课程。由于其具有较为直观的科学现象,因此在本课程中占据重要分量。本小节设置的探究实验主要有:了解碳化现象——无字天书,感受二氧化碳——隔空灭火,还有通过芬达饮料褪色的实验了解日常饮料中色素的含量,提醒学生正确饮水。

模块3:做一做(3课时)

本模块主要通过一系列科技小制作,锻炼学生的动手能力,也让学生了解日常生活用品中蕴含的科学知识。

自制吸尘器:将废弃的水瓶进行废物利用,自制一个小的吸尘器。

旺仔小风扇:学生利用喝完的旺仔奶罐给自己或者家人制作一个小风扇。

七彩小夜灯:通过制作七彩小夜灯,复习科学课上所学电学知识的同时,提高动手能力。

模块4:画一画(2课时)

本节是对学生综合能力的培养和训练。学生通过画科幻画,展示科幻画的方式,运用课程所学,并进一步巩固。教师对学生的绘画技能不做评价,重点关注学生作品中体现的奇思妙想,以及其中蕴含的科学知识。

四、课程实施

本课程课前需要准备的物料较多,主要包括制定计划、制作课件、准备课上所用材料及视频资源等。科学小实验是课堂教学的补充和延伸,与课堂教学相比更加具有灵活性和趣味性,因而广受学生喜欢。但是在授课过程中,对教师的控场能力和学生的纪律意识有着较高的要求,否则课程实施过程中可能会散漫自由,科技活动也可能变得只图完成任务,不能有始有终、保质保量地进行。具体实施方法如下。

(一) 视频教学法

事先准备动画版科学家传记的视频,以浅显易懂的方式,了解科学家的生平事迹和主要贡献。

(二) 探究教学法

以小组为单位进行实验探究。在此过程中强调正确的探究方式,并提醒学生做好小组分工、合作,提醒学生注意沟通方式,以及养成爱整理的习惯。

(三) 演示教学法

对于一些操作起来较为复杂的环节,教师应当先进行示范,从而为学生动手操作构建知识框架,使得学生的探究能够顺利地进行下去。

五、课程评价

(一) 过程性评价

在每次教学过程中,根据学生在活动中参与的态度和表现,采取互评、小组评价及教师评价等方式。具体评价内容如表8-2所示。

表8-2

分类	评价内容	评价结果 ☆☆☆	☆☆	☆
活动情况	参与态度	主动积极参加课程探究活动	能参加课程探究活动	能在老师或同学的帮助下完成课程活动
活动情况	合作态度	积极地相互配合,并能帮助他人	相互支持、配合	能在小组成员的帮助下进行合作
活动成果	作品	能独立完成作品,内容充实	能独立完成作品	能在他人的帮助下完成作品

（二）展示性评价

在模块4"画一画"的实施过程中，学生将自己的作品进行展示，由教师、学生对作品的制作和设计进行评价。

（撰稿人：王梦）

课程创意 8-3　中医药文化

适合对象：四至六年级

一、课程概述

近年来，国务院等部门相继印发《中医药发展战略规划纲要（2016—2030年）》及《促进中医药传承创新发展的意见》。这些纲领性文件强调要将中华优秀传统文化的典型代表——中医药文化融入小学基础教育。根据《义务教育科学课程标准（2022年版）》，学生在学习生命科学领域时要求知道植物的种类及其生存需要的各种条件，如营养物质、适宜温度、水和空气等，知道在此基础上生物个体才能够生长、发育和繁殖后代。除此之外，还需要了解生物之间，以及生物与环境之间相互依赖和相互影响的关系。通过学习，激发学生了解和认识自然界的兴趣，帮助学生初步形成生物体的结构和功能、局部与整体、多样性与共同性相统一的观点，形成热爱大自然、爱护生物的情感。

本课程的理念是"弘扬中医文化，传承国粹精神"。小学阶段是学生世界观和价值观形成的重要阶段。本课程根据小学阶段学生的特点和接受程度，编写关于中医药文化科普内容的校本教材，主要以兴趣拓展与接触体验为主，具体形式包括中医药文化故事、中草药品种认识和中药种植等讲授与实践相结合的中医药文化教学内容。

二、课程目标

1. 知道常见中草药植物名称及生长特点。
2. 了解培育中草药种植技术。
3. 培养责任意识、团结精神和动手能力。
4. 感受大自然的美好，体验劳动的乐趣，并感受中华中医文化的博大精深。

三、课程内容

为营造具有浓厚中医药文化氛围的校园，黄埔区怡园小学与黄埔区中医医院联手,在怡园小学(西校区)天台植物园建立中医药文化科普基地,还引种了60多种中药植物,为中医药文化课程的开展提供了阵地。在中医药文化课程里,我们将利用这块资源进行三个模块的内容安排。

模块1:中医药文化故事(6课时)

中医药文化凝聚着深邃的哲学智慧和中华民族几千年的健康养生理念及实践经验,不仅为中华民族繁衍昌盛做出了卓越贡献,也为世界文明进步产生了积极影响。因此,学习和继承中医药文化,应从娃娃抓起。根据学生身心发展特征和教育规律,引导学生通过网络、查阅书籍或走访中医名家等途径获取关于中医药文化的故事和古今中外的名中医人物及其著作。教师组织开展故事会,让学生得收集到的资料在课上进行分享,使全体学生受到不同故事的熏陶,获得更多的信息。

模块2:中草药品种认识(4课时)

我国中草药资源丰富,种类繁多,产地广泛。为了更好地让学生了解和识别本地区的常见常用中草药,教师搜集一些具有代表性的中草药,从名称、别名、分布、植物特征及药用价值等方面为学生进行详细的讲解。同时,指导学生课后通过网络搜索和查阅书籍等途径进行相关资料的收集。

模块3:中药植物种植(6课时)

教师组织并指导学生学习有土栽培、无土栽培和扦插培育等各种种植技术。带领学生去农田实地考察,向农民伯伯学习种植技术。学习后,在学校中医药文化科普基地进行实地操作,检验学习成效。从清除杂草、翻松土地开始到种植中草药,完成一套完整的种植流程,体验种植的快乐。

四、课程实施

本课程面向四至六年级学生开展,将学生身心发展规律和植物生长规律相结合,一学年为一期,三个模块循环进行。教学时间累计约16个课时,每课时时间长短按照课程内容随机调整。学校统一配备劳动工具。具体实施方法如下。

(一)资料搜集法

学生通过网络搜索、查阅书籍、教师讲解了解中医药文化发展的历史进程和故事。具体操作如下:教师设定学习任务,学生以小组为单位,围绕教师布置的学习任务,利用身边各种学习资源进行资料搜集,了解中医药文化故事等。

(二) 示范体验法

学生通过实地考察,向农民伯伯请教种植技术,在教师的指导下进行培育中草药植物的基本技能学习。具体实施方法为:以小组为单位,明确分工,交替进行,如翻土、选种、下种、浇水、施肥和养护等。除此之外,还需确定一名组长。组长要密切关注组内成员分工实施情况并负责记录小组活动过程,汇报农作物生长情况。教师指导学生如何填写记录表,重视引导学生积极参与,关注学生体验的情绪,如遇突发情况或恶劣天气,应及时做好应急措施。

五、课程评价

本课程采用过程性评价。根据学生在学习过程对于中医药文化历史故事的了解和种植过程中的种植技术的掌握及参与度进行评价。引导学生明确自己的学习任务,积极主动地参与实践,增强合作交流的意识和沟通能力,提高发现问题和解决问题的能力。

根据课程内容和活动特点,设置以下评价方式。

(一) 讲故事比赛

根据第一模块"中医药文化故事"的学习内容,开展讲故事比赛,使每个学生了解更多关于中医药文化的历史,更好地传承和弘扬中医药文化,增强民族自信。以下是评价标准(表8-3)。

表8-3

评分内容	具体要求	得分
故事内容(30分)	故事切合主题,内容真实,情节完整。	
语言表达(30分)	语言准确流畅,条理清晰,语调规范,吐字清晰。	
仪表形象(20分)	仪表整洁,仪态大方,体态自然。	
表演技能(20分)	感染力强,能引起观众共鸣。	
总分		

(二) 信息收集

根据第二模块"中草药品种认识"的学习内容,开展关于中草药植物信息收集的评价(表8-4)。

表8-4

中草药植物名称	植物特点	种植条件	养护要求

(三) 记录种植养护情况

根据第三模块"中药植物种植"的学习内容,记录每天的养护情况(表8-5)。

表8-5

植物养护记录卡			
日期	养护情况	养护员	我的发现

(撰稿人:林光荣)

第九章
创造性：教师参与课程变革的沸点

教师参与课程变革的创造性主要表现在：内化课程理念是教师参与课程变革的创造性的前期；确定课程目标是教师参与课程变革的创造性的基础；丰富课程内容是教师参与课程变革的创造性的载体；创意课程实施是教师参与课程变革的创造性的体现。

教师参与课程变革要赋予其足够的创造空间,允许教师根据不同的教学境况做出适当调整,从而有机地融入课程实施过程中的不可预知因素,促进新课改要求下学校的制度重建和文化再生,推动课程改革的顺利进行。生成性课程实施差异化模式的实践特征主要表现为:区域之间的背景差异、民族之间的文化差异、学校之间的校本差异和课堂教学的实践差异等。生成性课程实施的路径研究是生成性课程实施理论研究的最终落脚点。

内化课程理念是教师参与课程变革的创造性的前提。教师要认真研读新课程标准的教育理念,内化成自己的东西,形成自己的知识体系,才能有更准确的指导思想去进行教学活动,才能实现教师课程变革的创造性指导教学,才能实现学生的创造性学习,才能有创造性的成果。"实践是检验真理的唯一标准",新课程理念如果缺乏这一特性,那就谈不上在教师心中的内化。理论联系实际,不能片面认为学习几天、考几回试、上几堂课就算数,其实光有这些浅显的活动是不够的,要充分调动教师的积极性,让教师有足够的精力和时间进行实践活动,在活动中不断总结,将新课程知识内化为积极从事教育事业的觉悟,从而再付诸实践,更好地为教育教学服务。在对教师进行这一系列的观念改造时,不仅要让教师在学习中懂得新旧教育观的根本区别乃至于找准新教育观的出发点、懂得树立科学的教育观的意义,更重要的是按照科学教育观的要求去实践,逐渐转化为自觉的行动,只有这样,教师才能不断克服新课程实施中的各种弊端所造成的影响,逐步树立起现代化的教育观念[1]。

确定课程目标是教师参与课程变革的创造性的基础。在内化课程理念的前提下,确定课程目标是教师参与课程变革的创造性的基础。在教学活动中,只有确定课程目

---

[1] 彭毅.努力促进数学教师对数学新课程理念的内化[J].教育教学论坛,2011(8):153.

标才能有明确的课程教学内容,设计的课程内容才能符合教学目标,才能实现课程目标。确定课程目标的基本环节有以下四个方面。第一,确定教育目的。教育目的或教育宗旨是课程与教学的终极目的,它是特定教育价值观的体现。它所回答的基本问题是:什么是受过教育的人(educated man),教育与人的发展是怎样的关系,教育与社会进步是怎样的关系等。第二,确定课程目标的基本来源。课程目标的基本来源或课程开发的基本维度是特定教育价值观的具体化。学习者的需要、当代社会生活的需求、学科的发展三者是怎样的关系?课程目标或课程开发究竟应以什么为基点?当课程开发的基点确立下来以后,应如何处理好与其他处于从属地位的目标来源的关系?对这些问题的不同回答形成了不同的课程开发的向度观(维度观),这是确立合理的课程目标的关键。第三,确定课程目标的基本取向。在"普遍性目标""行为目标""生成性目标""表现性目标"等取向之间做何选择?怎样处理这几种目标取向之间的关系?这不仅反映了特定的教育价值观,也与课程开发的向度观有着内在联系。目标取向的确立为目标内容的选择和目标的陈述奠定了基础。第四,确定课程目标。在教育目的、课程目标的基本来源、课程目标的基本取向确定以后,课程目标的基本内容和陈述方式也就确立下来,在这种条件下即可进一步获得内容明确而具体的课程目标体系。[1]

丰富课程内容是教师参与课程变革的创造性的载体。课程内容的丰富,才能形成多元化、多层次、多类别的教学活动,才能实现课程变革的创造性教学过程的变化,学生才能从多维度进行学习,拓宽知识面,才能形成学生的创造性学习的可能性。

创意课程实施是教师参与课程变革的创造性的体现。在课程内容丰富的前提下,选取最有创意的设计,并把课程实施下去,这个过程是教师参与课程变革的创造性的体现。

总之,教师要创造性地参与课程变革,不能固化已有知识点,要保持创新的精神,设计出贴近课程的内容,实现教学目标,只有这样,才能使学生产生创造性的思维和创造性的行为,做出有创造性的作品。

(执笔:林成滨)

---

[1] 张华.论课程目标的确定[J].外国教育资料,2000(1):13—19.

课程创意 9-1　带你玩转 PPT

适合对象：五至六年级

一、课程概述

《中小学信息技术课程指导纲要》明确指出，"中小学信息技术课程的主要任务之一是培养学生良好的信息素养，把信息技术作为支持终身学习和合作学习的手段，为适应信息社会的学习、工作和生活打下必要的基础"。基于此，我校信息技术科组推出了特色课程：带你玩转 PPT（PPT 即 Power Point，译为幻灯片或演示文稿，以下均用 PPT）。本课程致力于在日常的探究与合作中培养学生对知识进行良好的建构和系统表达的能力，为其日后参与其他展示或说明类活动制作 PPT 和表述时打下良好基础。

本课程的理念是"充分提供探索与交流的舞台，加强儿童相关的制作技术，提高其审美和表达的能力"。在 PPT 的制作活动中，教师不仅要注重培养学生的基础知识及基本技能，还致力于提高其审美意识，发展其思维、情感、意志、思想品德、个性等基本素养和高尚人格。

二、课程目标

1. 初步了解 PPT 的基本功能，掌握 PPT 制作的基本知识。
2. 培养使用 PPT 展示的意识，同时培养其信息搜索、编辑和审美的能力。
3. 培养自主合作、探究的团队精神及创新能力。

三、课程内容

"带你玩转 PPT"的课程内容大致分为三个模块：学基础知识、习基本技能、小组合作与答辩。

模块 1:学基础知识(5 课时)

1. PPT 的整体认识

此阶段会引导学生开始认识 PPT,包括 PPT 的制作意义、不同场合使用的 PPT 风格、PPT 的基本功能(如启动、保存、退出方式、PPT 的窗口认识、母版的制作等)。

2. PPT 的基础功能

此阶段会让学生开始一定的实操,包括文字的输入、图形的插入、形状、对齐、翻转等功能介绍和训练。

3. PPT 的润色功能

此阶段会提升学生的整体感知和审美,包括 PPT 的切换、PPT 动画、配色、艺术字等功能的介绍和练习等。

模块 2:学习基本技能(5 课时)

在基础知识学完后,教师会按每阶段一个主题的模式,让学生独立制作,并以个人作业形式上交平台。其他学生可以在平台上对该生作品进行观赏和点评,教师充分听取学生的想法和建议后补充点评,并以阶段性总结的方式让学生巩固模块 1 的知识。

模块 3:小组合作与答辩(4 课时)

小组项目制作流程大致为:确定主题—小组分工—版面设计—搜集素材—有序编排—深度美化—展示答辩—互相评价。

1. 确定主题

教师会结合学生学情、课题价值和搜集材料难易程度等因素拟定几个主题,让学生挑选感兴趣的并在同兴趣的组里面自由找搭档合作。常见主题如:"我们的节日——春节、元宵、端午、中秋、国庆"等、"江山如此多娇"(用来介绍祖国的大好河山等)。

2. 小组分工

组成小组后,教师引导学生分工合作,比如分成"资料整理员""记录员""规划师"和"排版员"等。设置角色不是指这一角色只能做这方面的工作,而是由其主导,其他人配合。

3. 版面设计

小组齐心协力对其主题进行版面设计,教师需要做到及时引导和反馈。

4. 搜集材料

做好版面设计后，小组需要搜集资料，最后整合。

5. 有序编排

整合出合适、有价值的材料后，小组需交流怎么编排。在这个过程中，要注意长短文章穿插和横排竖排相结合，使版面既工整又生动活泼。

6. 深度美化

做出初步编排后，小组成员需要对其做进一步润色和补充。

7. 展示评价

学生作品展示环节，由学生对其他学生及老师的提问进行答辩。

四、课程实施

"带你玩转PPT"是课堂教学的补充和延伸，与课堂教学相比更加具有灵活性和可塑性，因而学生非常喜欢参加。但是它比较容易受到其他活动的限制和冲击，教师和学生往往不能有始有终、保质保量地坚持到底。教师必须根据学生的具体情况有计划、有目的地进行，做到灵活调度，以保证课程的连贯性。

（一）优秀作品欣赏

在每次活动前，教师都展示优秀的PPT作品给学生欣赏，并讲解作品亮点，辅以普及一些制作小知识，让学生从感官上提高审美的认识，技术上有本质的突破。在小组欣赏中，可以从内容、排版、插图、字体等了解优秀作品的范式。

（二）小组合作

"带你玩转PPT"是一个范围很广的课程，涉及主题确定、框架设计、搜集资料、编排、润色、答辩等内容。如果让一个人完成，确实有些困难，所以在实施的过程中，安排以小组合作的方式进行创作，设计出的作品会更精美。学生在小组中可以相互讨论，弥补自己的知识盲区，碰撞出思维的火花，也可以在协作中促进友谊。

（三）定期进行项目汇报和答辩

举办PPT展览，交流、回顾、总结学习成果并进行答辩（答辩内容为小组成员及分工情况、制作过程、制作思路、作品意义、使用技术等），可以为学生提供表现自己的机会，增强自信心。学生的一些佳作可以在校内、班内展出，以起到示范作用。

(四) 平台展示

在一些小程序或公众号上集结发布学生的佳作,以此汇总成学生阶段性的学习成果,增加学生学习和制作的兴趣。

五、课程评价

本课程主要采用过程性评价与展示性评价的方式。

在每次教学过程中,根据学生在活动中参与的态度和表现,以及最后呈现的作品,采取自评、小组互评及教师评价等方式,以小组互评为主,主要评议"活动过程"和"活动成果"两方面(表9-1)。

表9-1

第( )组 组长:( ) 组员:( )

分类	评价内容	评价结果		
		5分	3分	1分
活动过程	参与态度	主动积极参加课程实践活动。	能参加课程实践活动。	能在老师或同学的帮助下完成各课程活动的任务。
	合作态度	积极地相互支持、配合,并能帮助他人。	相互支持、配合。	能在小组成员的帮助下进行合作。
活动成果	作品的完整性	作品主题鲜明、积极,结构相对完整,有一定寓意和深度。	作品主题和结构相对较为完整,能够突出主题。	作品主题和结构还不够完善,主题不明确。
	作品的技术性	作品的布局、排版、文字图片的选取、动画的设置等能够有助于主题的表现。	作品的布局、排版、文字图片的选取、动画的设置等相对协调、恰当。	作品的布局、排版、文字图片的选取、动画的设置等一般,甚至干扰主题。

续 表

分类	评价内容	评价结果		
		5分	3分	1分
	作品的创新性	能够在保证主体框架下融入自己的思考,使得整体表达更有优势。	有创新的思考量,但量不够或思考程度和执行水平一般。	不怎么能体现出创新思维。
	作品的美观性	整体阅览效果大方,动画设置有效,色彩搭配和图文编排、布局设置科学美观。	整体阅览效果相对大方,动画设置、色彩搭配和图文编排、布局设置合理。	整体阅览效果、动画设置、色彩搭配和图文编排、布局设置一般。

(撰稿人:柯梅梅)

课程创意 9-2　海报设计

适合对象：五至六年级

一、课程概述

《广东省义务教育信息技术课程纲要(2015年版)》指出，"义务教育信息技术课程是以培养学生信息素养、发展学生的信息技术能力为主要目标，以实践性、开放性和探究性为特征，促进学生全面与持续发展为宗旨的必修课程"。在信息技术课程中，开展综合性学习的内容和形式是多样的，设计图文并茂的海报是其中之一。

为推进我校信息技术校本课程建设，我校开设了"海报设计"课程。海报是具有一定号召力与艺术感染力，调动色彩、构图、形式等因素形成视觉效果的一种信息传递艺术。本课程的开展，旨在培养学生对信息技术的兴趣，让学生掌握 WPS 文字基础技术制作海报的方法，使学生个性得到发展。

本课程的理念是"技术与美学的结合，能力与素养的提升"。课程通过让学生学习制作海报，提高学生信息搜索、处理的能力，促进学生信息技术水平的提高和信息素养的发展。个性化的创作能调动学生学习的积极性，激发其创作激情。学生在制作过程中，获得成功的体验，促进情感态度的发展。

二、课程目标

1. 初步掌握海报设计的基本知识，了解设计海报的程序，具备设计海报的初步技能。

2. 以主题活动为主线，通过情景启发模式、任务驱动模式、自主探究模式、协作学习模式等学习方法，获得海报编排能力、写作能力、绘画和鉴赏能力。

3. 懂得自主学习、与他人合作解决困难的方式与方法。

三、课程内容

"海报设计"课程结合怡园小学"怡心怡身,尽善尽美"的"怡文化",指导孩子们发挥自己的技能,运用信息技术能力制作海报作品,宣传学校的"怡文化"。

模块 1:海报的发展简史及欣赏(2 课时)

海报艺术诞生至今,已有一百多年的历史。这百余年来,海报作为一种信息传达的媒介,以其快速直接的信息传递方式存在于人类生活的方方面面。在我国,海报这一名称最早起源于上海。在科技发达的今天,海报可以通过信息技术快速地制作与印刷,个人用户也可以通过使用一些软件制作出简单的电子海报。该课程通过对不同时期海报作品的欣赏,让学生了解海报的发展历程,初步感知海报设计所需要的元素。

模块 2:海报元素的设计(4 课时)

在日常生活中,我们随处可见各色各类的海报。我们可以从这些海报中发现其基本元素有以下五点。

1. 主题:设计海报时要围绕着某个主题,也就是整个海报设计的中心。

2. 色彩:在海报设计中,颜色是体现设计水平的重要因素,如何运用颜色进行布局是重要的过程。

3. 图像与文字:海报通常被定义为一张被固定的彩色平面图像,再配上一段简短的文字说明,两者传递着同一个主题。图像用来吸引人们的注意,攫住观者的目光;文字介绍则可补充信息,明确内容,为图像锦上添花,以达到最佳的宣传效果。

4. 排版:一张好的海报排版能够让人的视觉感到舒适,所以好的排版是构成海报设计的重要因素。

5. 感情:海报的设计也是需要带入感情的,让人能体验感情,表达情感,让所宣传的事物更加生动。

模块 3:海报主题创作(5 课时)

以校园文化为创作主题,让孩子们更加深入地了解和感受校园文化的底蕴。"四礼四节"是每一位怡园学子都需经历的阶段,孩子们在设计此主题的海报时,可以选择个人创作或小组合作创作的模式,运用所学技能,结合自身的艺术特长和实践能力,创作符合主题、展现个性的海报作品。这个过程既可以锻炼学生的动手能力,也让学生有了个性化的展现机会。

模块4：海报作品的展示交流（2课时）

1. 学生自评

学生向同学展示自己的作品，介绍自己制作过程中的想法、遇到的困难、解决困难的方法、作品的亮点等。

2. 学生互评

个人或小组的作品展示完毕后，其他同学可以对该作品进行客观评价，提出建议。

3. 教师总评

结合学生的交流展示和互评环节，教师给予每个作品一个总结性的评价。可选出优秀的作品在班级内进行墙报展示等，从而激励学生更加用心地创作更多优秀作品。

四、课程实施

本课程既独立成为课程，又是美育课程的补充和延伸。要求参与的学生对事物有美的感受，具有一定的创造能力。五至六年级学生以选修的形式在专用教室展开教学活动，每周1课时，共13课时。需使用的资源是：计算机网络、相关书籍素材、WPS文字处理软件等。具体实施方法如下。

（一）作品欣赏法

通过欣赏不同时期、不同风格、不同主题的海报作品，学生了解海报的发展历史，总结海报的组成元素，感受如何突出海报的主题以及海报设计的制作过程。

（二）小组协作学习法

组建协作小组共同学习，主要是把教学目标和内容有机地结合在一起，学生置身于提出问题、思考问题、解决问题的动态过程中进行协作学习。学生通过合作，完成任务的同时，也实现了该课的学习目标。

（三）竞赛展示法

学生进行作品交流时需要展示以下几点：介绍作品主题、介绍设计思路或想法、作品设计元素的诠释、展示作品的亮点。其他同学对展示的作品做出整体评价，综合得分较高的作品将在学校班级墙报上展示或被选入校园文化建设活动中使用。

五、课程评价

学生从初学到熟练到独立完成作品是需要经过一段时间训练的,根据该学科这一特性,我们采用即时评价、阶段评价、综合评价三种模式对学习效果进行评价。

(一) 即时评价

在每次教学过程中,根据学生在活动中参与的态度和在活动中的表现,采取互评、小组评价及教师评价等方式进行评价,以小组内互评为主。

(二) 阶段评价

每项主题创作结束,学生需对作品进行交流展示。由教师、学生对作品的制作和设计进行评价。

(三) 综合评价

根据学生一学期的课堂活动参与度、活动的有效性、作品的质量给予综合评价,评出不同奖项。

具体评价内容见表9-2。

表9-2 "海报设计"课程评价表

海报元素内容 (每项满分10分)		评价方式			总得分
^	^	学生自评	学生互评	教师总评	^
主题	是否符合主题				
色彩	是否搭配得当、是否符合主题色调				
图像	是否符合主题、是否吸引				
文字	是否精炼、效果突出				
排版	是否合理、重点突出				
情感表达	是否具有感染力				

使用说明：学生完成作品创作后，先进行自我评价，再通过交流活动进行学生互评，两项评价完成后，由小组长收齐交给老师进行综合评价。老师的评价以鼓励为主，从学生情感态度、合作交流、学习技能、实践活动四个方面进行，每次明确指出学生一个需要改进的地方。

（撰稿人：刘嘉欣）

课程创意 9-3　趣味编程

适合对象：六年级

一、课程概述

国家教育部颁发的《中小学信息技术课程指导纲要(试行)》和广东省教育厅颁发的《广东省义务教育信息技术课程纲要(试行)》中，都提出信息技术课程要以"培养学生信息素养，发展学生信息技术操作能力"为主要目标，培养发展学生积极学习和探究信息技术的兴趣。我们发现，本校六年级学生在信息技术课程中学习 Scratch 基础上，都对 Scratch 表现出浓厚的兴趣。书本上很多内容都是单独片段，零零散散，学生无法将整体的程序进行整合学习，各部分的内容联系不起来，完成不了一个完整的作品。针对这个情况，设计了这个课程，把知识点整合到一个完整的作品中，整个课程以"大鱼吃小鱼"这个游戏的开发为教学过程，包括封面、设计思路、结束界面等细节，还补充了数据模块和变量模块供同学们进一步学习。通过这个课程的系统学习，带同学们走进编程的世界，感受编程带给我们的乐趣，提高学生的实际操作能力。

本课程的课程理念是"编织梦想，构建未来"。响应国家教育战略部署，提高小学阶段学生的编程能力，实现基本普及化的要求。这是个比较漫长的过程。本课程为孩子们提供了一个良好的学习环境，搭建了一个实现梦想的平台，让孩子们为构建未来的智能化世界而努力学习。

二、课程目标

1. 认识并应用 Scratch 开发和测试程序脚本，编写简单的脚本并运行且调试。
2. 能使用 Scratch 解决简单的问题，能做出一个完整的程序。
3. 感受用 Scratch 的乐趣，编程的兴趣逐步提高。
4. 形成良好的信息技术素养，形成健康、安全、负责任地使用信息技术的行为习惯。

三、课程内容

本课程学习的主要内容是 Scratch 的基本文件操作,认识模块、指令等功能,并会用指令完成程序脚本的编写与运行。课程以"大鱼吃小鱼"游戏为主线,引导学生在体验中学习相关知识。教学中依据小学生好动和乐于动手实践等特点,直接从"使小鱼动起来"开始,然后使用判断指令实现复杂的行为控制,最后学习用变量和列表进行数据统计和控制,从而使整个过程显得由易到难,环环相扣,每个阶段的学习都有新的乐趣。

模块1:基础知识教学(2课时)

第1、2周为基础知识教学阶段,主要介绍软件的基本知识和基本操作,让学生养成良好的计算机使用习惯和编程习惯,提高信息技术素养,并且将其贯穿于整个教学过程。

模块2:教学制作游戏(9课时)

第3—11周为制作游戏的教学阶段,通过制作"大鱼吃小鱼"的游戏,生动有趣地进行层层教学,由简到难,由基础到复杂,让学生由被动学习转为主动学习。从最简单的"让小鱼动起来"入手,然后学习控制和判断指令,让"大鱼吃小鱼"的效果更加真实和有趣,最后才是慢慢美化游戏界面和完善游戏开局和结果界面,形成一个完整的程序脚本。与传统的程序教学最大的不同是,本课程弱化了制定流程图的步骤,这样的设计符合小孩子学习时间短、易于接受直观教学的特点,主要起到启蒙和培养兴趣的作用。在教学中,以优带差模式进行互助学习。

模块3:进阶教学(4课时)

第13—15周为进阶教学部分,让学生初步了解程序当中的变量和列表概念与应用。该部分内容比较难,所以放在最后面作为附加部分。完成的学生在评价中作为附加分项体现出来,不要求全部学生都理解并掌握。

四、课程实施

本课程为信息技术课堂教学的补充课程,每周1课时。教学实施中使用了讲授教学法、实践练习法、小组合作学习法、作品展示法等,并将个人活动与小组活动相结合,评比与激励相结合。具体实施方法如下。

(一) 讲授教学法

即教师针对关键性的问题或主要内容进行直接教学的方法,如判断指令、侦测指令、调用指令、变量和列表等这些比较复杂、难懂的内容。采用直接教学的方法,学生更加容易理解所学的内容。

(二) 实践练习法

在课堂教学的基础上,对于基础的指令,学生都能自己编写出来,而对于那些复杂的指令,学生在教师的讲授教学后,也能进行实践性练习,巩固知识点,加深对知识点的认识。学生通过反复的练习,加深熟悉程度,应用起来才能得心应手。实践练习法在本课程的教学过程中是最为重要的一种学习方法,因为信息技术的学习最主要的就是实际操作,只有多操作,才能更好地理解知识点。

(三) 小组合作学习法

学生如果在实践练习过程中,发现有些问题没能解决,可以在小组内互相学习,集众人所长,解决问题。作为教师,也可以参与进去,成为他们小组的一分子,一起解决他们的问题。

(四) 作品展示法

教师在平时的巡堂中,发现有不错的作品,可以展示出来让大家学习。另外,在学生的最终作品中,也可以把优秀的作品展示给学生看,激发他们的学习积极性,同时也可以互相启发思路,拓宽思路,让学生的学习更加有效。

五、课程评价

本课程的评价分为过程性评价、展示性评价和终结性评价。

(一) 过程性评价

1. 个人课堂表现:纪律、积极性、课堂展示效果。

2. 团队合作表现:互助合作意识、参与程度、互助学习完成情况。

具体评价内容见表9-3。参照评价结果,按20%的比例评出"编程高手"。

表9-3

分类	评价内容	评价结果		
		☆☆☆	☆☆	☆
活动情况	参与态度	主动积极参加课程实践活动	能参加课程实践活动	能在老师或同学的帮助下完成各课程活动的任务
	合作态度	积极地相互支持、配合,并能帮助他人	相互支持、配合	能在小组成员的帮助下进行合作
活动成果	作品	能独立完成作业,作品优美实用	能独立完成作业,内容充实,安排合理	能独立完成作业

(二)展示性评价

每个单元结束,将学生的作品进行展示,由教师、学生对作品的制作和设计进行评价。

(三)终结性评价

以最终作品为主,以自评、互评、师评的方式进行评价,选取前20%的作品评选为"优秀作品",颁发奖状。具体评价内容见表9-4。

表9-4

评价内容	优秀(15—20)	良好(10—14)	合格(5—9)
内容健康积极向上(20分)			
版面设计要素齐全(20分)			
程序应用指令恰当(20分)			
游戏情节有趣好玩(20分)			
构思新颖主题鲜明(20分)			

(撰稿人:林成滨)

第十章
合作性：教师参与课程变革的抓点

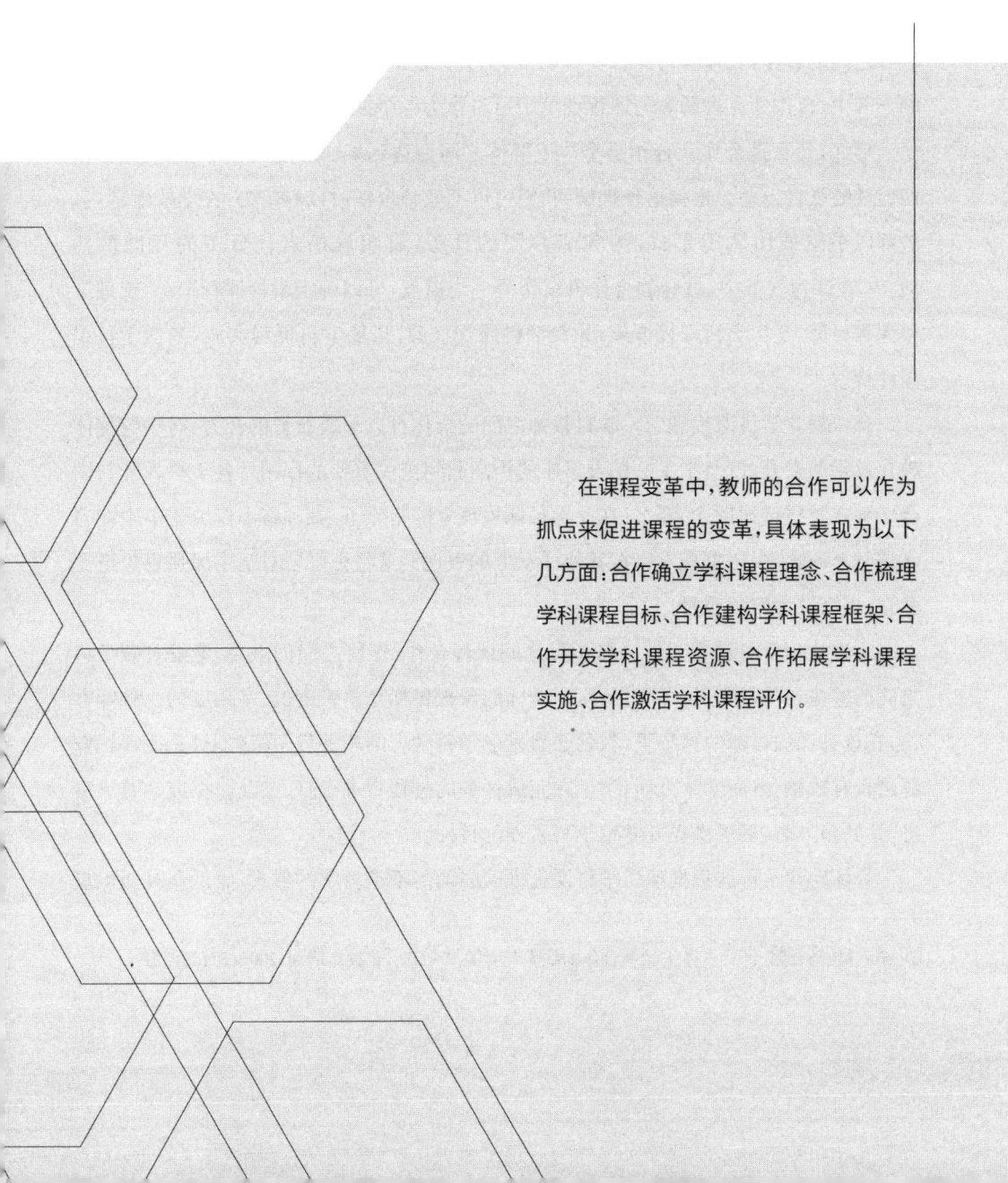

在课程变革中，教师的合作可以作为抓点来促进课程的变革，具体表现为以下几方面：合作确立学科课程理念、合作梳理学科课程目标、合作建构学科课程框架、合作开发学科课程资源、合作拓展学科课程实施、合作激活学科课程评价。

课程变革是一项集体配合的事业,不仅需要学科专家与一线教师的合作,更需要教师之间的合作,教师参与课程变革的能力、投入感、认识、合作性对其产生很大的影响。其中,合作性在教师参与课程变革中可以作为一个抓点,促进课程变革。

那么,什么是合作。合作是个体或群体之间为达到某一确定目标,通过彼此协调而形成的联合行动。根据这种理解,我们可以把教师合作可以界定为:在学校范围内,教师以小组或团队等形式,为完成共同的任务,有明确的责任分工的互助性活动。[①] 在课程变革中,教师的合作可以作为一个抓点,可以确定学科课程理念,梳理学科课程目标,建构学科课程框架,开发学科课程资源,拓展学科课程实施,激活学科课程评价。

合作确立学科课程理念。学科教师之间的合作可以形成教育的合力,对学校整体教育效果的提升,以及学生的综合素质的提高起到至关重要的作用。各学科教师共同合作确立学科课程理念,那么,在此学科课程理念的指导下,教师将不仅关注学生在自己课堂上的表现,还重视学生在其他课堂上的表现。这将更好地对学生加强思想道德教育,提高教育教学质量。

合作梳理学科课程目标。各学科之间课程合作、学科之间的融合,能够打破学科之间的壁垒,能够梳理出课程目标,而这样的课程目标是多维度的、多角度的。教师方面,在这种课程目标的指导下,教师必然采取学科融合的相关教学策略,对其他课程资源进行有效整合;而学生方面,学生在完成任务的过程中进行自主、合作探究学习。最终,达到多方面、多层次提升学生学科素养的目标。

合作建构学科课程框架。学科课程框架强调的不是教学的形式,而是众多知识点

---

① 李洪修,马云鹏.课程变革下教师合作的缺失与对策[J].中小学教师培训,2005(7):25—27.

逻辑组合的科学体系。在教学内容不断增加、教学时数相对紧缺的情况下,教学就更应该注重知识结构的整体性和完善性,这就需要合作。利用合作去建构学科课程框架,优化教学过程,突出了在知识结构上,通过结构记忆和系统记忆掌握课程的主要内容,达到触类旁通的功效,最终真正体现学生的主体地位,并有效地激发学生的学习兴趣,培养学生独到的思维模式,以及独立研究和解决问题的能力。

合作开发学科课程资源。在课程变革中,教师的合作可以实现资源共享。不同经历和背景的教师在自己不同的实际工作中,对不同的问题会形成自己的看法。因此,教师在合作过程中可以分享自己在职业生涯中所积累的成功经验或者失败的教训,以及处理疑难问题的做法。同时,在课程变革中,教师的合作还有利于促进教师专业发展。教师之间的专业切磋、协调合作,有利于改变个人孤立无援的困境,变个体之间的竞争为集体的合作。教师合作能够使教师们汇聚不同的教育资源,从而实现资源共享,避免了教育资源的重复和浪费;能够使教师缓解工作压力;能够产生思想火花的碰撞,使教师产生新的想法,推动教育课程变革。

合作拓展学科课程实施。课程变革靠的是集体的力量而不能单凭个人的激情,所以通过合作,教师可以在集体中获得各种帮助,得到相关资源,从而促进课程变革。把合作作为课程变革的抓点,提供不断改进和终生学习的机会,不仅有益于教师,也有益于课程变革。教师相互交流、相互支持,当他们进行新的教育实践、处理困难、发展新的技能的时候,教师自身的能力就会得到提高,教师群体能力也会得到提升。教师得到提高,进而反过来又促进课程变革。

合作激活学科课程评价。教育部颁布的《义务教育课程方案(2022年版)》中提到,"评价的目的在于促进发展",要"淡化原有的甄别和选拔功能,关注学生、教师、学校和课程发展的需要,突出评价的激励与控制功能,激发学生、教师、学校和课程的内在发展动力,促进其不断进步,实现自身价值"。[①] 而合作就能够激发学科课程评价,合作学习既能体现集体的智慧,又能培养学生的合作意识。对合作效果进行评价,就能看出学生能否积极主动参与到学习中,让学科课程评价真正得以落实。

总之,新课程背景下的教师合作有利于教师加深对课程变革的认识,改变原有的课程观念,增强课程变革意识;有利于教师根据具体情景对课程目标、内容、组织方法

---

① 中华人民共和国教育部.义务教育课程方案(2022年版)[M].北京:北京师范大学出版社.2022.

等进行调整,变革传统的教学;也有利于帮助教师在具体的教育情境中创造新的课程经验和教育经验。课程变革,对教师倾注了无数的期望与能量,希望通过对教师的增权赋能,提高教师参与课程变革的能力。而教师合作,就能够担此重任。

(执笔:曾琰倩)

课程创意 10-1　舌尖上的味道

适合对象：五年级

一、课程概述

为全面贯彻党的教育方针，坚持教育与生产劳动、社会实践相结合，综合实践活动课程强调学生综合运用各学科知识，分析和解决现实问题，并在活动中提升综合素质。在课程实施和评价上，综合实践活动课程鼓励学生主动参与实践过程，鼓励同伴间的合作交流，对活动过程和结果进行综合评价。

本课程的课程理念是"了解中华饮食文化，感受中华文化魅力"。"舌尖上的味道"课程以《中小学综合实践活动课程指导纲要》为导向，遵循"以生为本"原则，从学生的真实生活和发展需要出发，通过体验、探究、汇报等方式，发展学生的综合素质。在课程中，学生不仅提升了探究能力、协作能力和实践能力，也感受了内涵丰富的中国饮食文化，自觉承担起传承和弘扬中华优秀传统文化的责任。

二、课程目标

1. 通过了解内涵丰富的中国饮食文化，学生能体验文化背后的风土人情。
2. 通过小组合作、汇报展示等方式，学生会去探索家乡的饮食风俗。
3. 激发学生对传统文化的兴趣，自觉传承和弘扬优秀传统文化。

三、课程内容

"舌尖上的味道"校本课程大致分为四个模块：中国饮食文化概况、传统节日与饮食文化、八大菜系及烹饪技艺、展示家乡美食。

模块1：中国饮食文化概况(4课时)

中国饮食文化是中国传统文化的重要组成部分。在漫长的历史进程中，中国饮食文化不断发展，经过历朝历代的改良和演变，最终形成了深层次、多角度、高品位的区域文化,它是中华民族千年来共同创造的物质财富和精神财富。

1. 中国饮食文化的发展历史

周秦时期—汉代时期—唐宋时期—明清时期。

2. 中国饮食文化的特点

由于特定的经济结构、思维方式与文化环境,中国饮食文化形成了自身鲜明的特色,即艺术倾向,主要表现在以下六个方面:选料精良、刀工细巧、火候独到、技法各异、五味调和、情调优雅。

模块2:传统节日与饮食文化(4课时)

1. 春节与元宵饮食习俗

春节年夜饭,又称年晚饭、团年饭、团圆饭等,特指岁末除夕的阖家聚餐。

元宵节,家家户户自制元宵。元宵古称"浮元子",是一种雅俗共赏、甜而不腻的民间小吃,流行于全国。

2. 清明与端午饮食习俗

由于寒食节的冷食习俗移植到清明节,我国北方一些地方还保留着清明节吃冷食的习惯。

端午节食粽是我国的传统习俗,粽的形状很多,品种各异。

3. 中秋与冬至饮食习俗

月饼,又叫月团、丰收饼、宫饼、团圆饼等,是古代中秋祭拜月神的供品。后来人们逐渐把中秋赏月与品尝月饼作为家人团圆的一大象征。

我国南北各地在冬至时有不同的风俗,经过历史发展,形成了独特的节令食文化。

模块3:八大菜系及烹饪技艺(5课时)

中国饮食文化的菜系,是指在一定区域内,由于气候、地形、历史、物产及饮食风俗的不同,经过漫长历史演变而形成的一整套自成体系的烹饪技艺和风味,并被全国各地所承认的地方菜肴。

本模块将从历史进程、饮食习俗、烹饪技艺等方面介绍鲁、川、粤、苏、闽、浙、徽、湘八大菜系的特点,了解不同饮食文化所带来的不同的食材配置、烹饪手法、地方风味等,体验各地区极具地方特色的饮食文化。

模块4:展示家乡美食(3课时)

以小组为单位,选择其中一位组员的家乡美食作为研究对象,搜集各种资料,了解该地独特的饮食文化,通过调查报告、手抄报、PPT、视频录制等方式展示家乡独特的饮食风俗。

四、课程实施

了解中国饮食文化是传承和弘扬中国优秀传统文化的一环,是对学生进行文化熏陶的重要方式。饮食虽然是学生日常生活中的一部分,但学生对中国饮食文化没有一个系统深入的了解。因此,在课程实施中,应注重向学生普及中国饮食文化的内容和特点,通过一些生活中的例子帮助学生体会饮食背后的文化内涵。

本课程共16课时,其中每个模块大约需要4个课时。

为了更好地向学生普及中国饮食文化的内容和特点,在开设课程前需要搜集丰富的课程资源,包括书籍、纪录片等,如纪录片《舌尖上的中国》。

实施方法如下。

(一) 阅读书籍、观看纪录片

通过阅读书籍、观看纪录片,初步了解中国饮食文化的内容和特点。

(二) 小组合作学习

自由组队,选择一个地方作为研究对象,通过搜集资料,探究地方饮食背后独特的文化内涵。

(三) 汇报展示

举行小组汇报展示活动,学生在活动中交流分享探究成果。这不仅可以为学生提供展示平台,激发学生的学习兴趣,还可以培养学生的文化自觉和文化自信,引导学生自觉传承和弘扬中华优秀传统文化。

五、课程评价

(一) 过程性评价

在活动过程中关注学生的表现,根据学生的表现情况进行自评、互评、师评,实行"个人分+小组分"的评价制度,既重视自身表现也关注小组成员的配合。评价内容如表10-1、表10-2所示。

表10-1 个人评价表

评价结果 评价内容 姓名	1星~5星			
	认真听课	积极发言	积极参与 小组活动	认真完成 小组作业

表10-2 小组评价表

评价结果 评价内容 组别	1星~5星			
	小组内 分工明确	小组内组员 参与程度	认真倾听 互帮互助	共同探讨 共同解决 问题
第　组				
第　组				

(二) 展示性评价

模块4中,每个小组将进行汇报展示,由教师、学生对展示内容进行综合评价(表10-3)。

表10-3

评价内容	优秀（5星）	良好（3星）	合格（1星）
展现地方饮食特色			
菜色配图精美雅致			
汇报形式丰富多样			
汇报语言流畅自然			
分工合理全员参与			

（撰稿人：徐雨晴）

课程创意 10-2　快乐巧巧手

适合对象：三年级

一、课程概述

　　手工是以双手为主，借助工具，将脑中的构思，利用物质材料进行加工改造，创造出具有观赏价值的手工艺品的造型活动，常见的有纸艺、陶艺、编织等。

　　手工制作是一种游戏，又是一门艺术。小学阶段，学生对手工制作比较感兴趣，但什么样的手工适合三年级的学生呢？纸造型。纸不仅可以制作成平面造型，亦可以制作成立体造型。同时，在纸张可塑性的基础上，利用不同的加工手段，创造出形式多样、内容丰富的艺术品种。《中小学综合实践活动课程指导纲要》突出强调，"综合实践课是一门动态开放性课程"。课程实施要注重学生主动实践和开放生成。在手工制作活动中，学生初步掌握基本技能后，鼓励学生把自己观察到的事物形态，通过百变的纸张，融入自己的想象，重新加以创造，制作出具有个人特色的艺术品。这个过程是动态的，是开放的，是具有生成性的。同时，这个过程让学生在实践中训练思维能力，让学生在实践中发展创新精神，也让学生在实践中感受美。

　　本课程的理念是"巧手做手工，益智促发展"。意在通过手脑并用，培养学生的动手能力，让学生在学习与游戏中，在实践与认识中，不断深化与创造知识结构，启迪学生的才智，开发学生思维活动能力，激起学生审美情趣，达到美育育人的作用。

二、课程目标

　　1. 通过课程学习，学生乐意参与手工制作活动，并初步欣赏手工制作作品中的形象美、色彩美、空间构造美。

　　2. 通过课程学习，学生尝试用剪纸、折纸、色彩等表达自己的想法，并根据自己的想象有创造性地进行手工制作。

3. 培养学生的动手能力,养成学生良好的规则意识和环保意识。

三、课程内容

本课程内容由奇妙的折纸、可爱的动物、创意贺卡、巧手大比拼四个模块组成。手工作品形式各异、内容丰富。学生可以利用撕、剪、折、卷曲、粘结等基本方法,进行立体、半立体纸类手工制作。本课程将从学生最常玩的折纸入手,让学生了解纸艺术最基本的对称、翻折的折叠方法,在此基础上掌握剪撕纸装饰画,最后将前两种技法运用到立体贺卡的学习和制作中。

模块1:奇妙的折纸(4课时)

学生从小就喜欢折纸,不管能否折出明显的事物,对于折纸的热衷总是不减。于是本课程从学生最喜欢的动物入手,选取青蛙、兔子、猫、孔雀等动物,让学生认识点、线、边、角等概念,通过折、翻等反复技法,去感受折纸的对称美,感受折纸的奇妙之处。

模块2:可爱的动物(4课时)

撕、剪、粘、编制以及色彩的搭配是手工艺术基本的方法。在折纸的基础上,带领学生运用剪刀、胶棒等工具,选取自己喜爱的颜色卡纸进行主题创作。在可爱的动物主题中,学生可以学习手工制作纸条小黄鸡、纸条鱼、纸条孔雀、纸条编制五彩鱼。

模块3:创意贺卡(6课时)

生活中,人们为了向他人表示自己的问候或祝福,总是送上一份富有满满心意的贺卡。怎样才能使自己的贺卡富有创意,并且让人感受其中的真挚情感呢?当然是自己动手做的贺卡。在创意贺卡主题中,学生将学习最基本的立体贺卡制作步骤。在立体贺卡基础上,学生可以结合之前所学,把具有创意的想法融入其中,制作父亲节、母亲节、春节等具有特殊意义的节日贺卡。

模块4:巧手大比拼(2课时)

经过一学期的手工制作,学生掌握了一定的手工技法,在此基础上,不限制学生,让其自由发挥,凭借自己的想象力和创造力,创造性地制作出一件精美的手工作品。此作品可以是一件折纸动物,可以是一张DIY贺卡,亦可以是其他手工作品。

四、课程实施

本课程需要16课时。课程实施前要做的准备有：①老师要认真做好教学设计，为提供正确的操作示范，需提前制作、熟悉手工作品，并为该课程准备相关讲解图片与视频；②学生需要准备好彩纸、胶棒、剪刀和硬卡纸。具体实施方法如下。

（一）运用直观和演示的方法

"快乐巧巧手"课程中一些基本技法对于学生来说有一定的难度，因此教师需要讲演结合，一边操作一边带领学生动手，让学生初步体会折纸的折、翻等技法。

（二）视频教学

学生通过图片或视频展示的方式，观察制作过程，并亲手实践。

（三）自主、小组合作

每位学生的动手能力存在一定的差异性，为了让每一位学生能顺利参与本课程，在制作过程中可以采取师生合作、生生合作的方式，互教互学，加深对基本手工技法的熟悉程度，最后利用掌握的技法创造性地完成一件作品。

（四）定期举办学生作品展览，举行比赛

举办"快乐巧巧手"作品展览或比赛。一是可回顾、交流、总结一学期的成果；二是可展现学生的手工技巧，增强其自信心。同时，吸引更多的学生参与"快乐巧巧手"课程，培养出优秀的艺术人才。

五、课程评价

本课程评价的目的为了是全面了解学生在手工制作方面的学习状况，综合考查学生的动手能力、想象能力及创造能力，激发学生的学习热情，促进学生全面发展。在评价过程中要着眼于过程性评价，评价的主体也是多元的。

（一）过程性评价

在每次教学过程中，根据学生在活动中参与的态度和在活动中的表现，采取互评、小组评价及教师评价等方式，以小组内互评为主，主要评议"活动情况""活动成果"和"环保与安全"三方面。具体评价内容如表10-4所示。

表 10-4

第( )组 组长:( ) 组员:( )

分类	评价内容	评价结果		
		☆☆☆	☆☆	☆
活动情况	参与态度	主动积极参加手工制作活动。	能参加手工制作活动。	能在老师或同学的帮助下完成各手工制作活动任务。
	合作态度	积极地相互支持、配合,并能帮助他人。	相互支持、配合。	能在小组成员的帮助下进行合作。
	环保与安全	干净、整洁地收拾活动中产生的纸屑和工具,并能安全使用剪刀。	能收拾活动中产生的纸屑和工具,并能安全使用剪刀。	能在小组成员提醒下收拾纸屑和安全使用剪刀。
活动成果	作品	能独立完成手工作品,并创造性地加入自己的想法。	能独立完成手工作品。	能在老师或同学的帮助下完成手工作品。

(二) 展示性评价

每个模块结束后,老师选取一方地方或是一块展板将学生的作品在学校某处进行集中展示,这将迎来全校师生的欣赏与评价。一周后归还给学生,让学生带回家在显眼处进行摆放,并引导家长、亲戚、朋友来观赏与评价。这样,学生作品的评价范围和时间不仅仅局限于课堂上,课堂下他们可以得到来自同学、老师、亲戚、家人、朋友等多方面的肯定与赞赏,多次感受到评价过程的愉悦性,从而产生成就感,激发其创作的热情。

(撰稿人:刘婷)

课程创意 10–3　手绘彩报

适合对象：三年级

一、课程概述

创作手抄报是开展学生综合性学习的重要内容和形式。《义务教育语文课程标准(2011年版)》明确指出，"教师在教学中要努力体现语文的实践性和综合性"，要"重视学生读书、写作、口语交际、搜集处理信息等语文实践，提倡多读多写，改变机械、粗糙、繁琐的作业方式，让学生在语文实践中学习语文，学会学习"。一张好的手抄报，不仅内容充实、版式美观，而且会给读者以生动活泼、富有新意的艺术感染力，还可以促进学生实现各种知识和能力的"整合"，书本学习与实践活动的"结合"，语文学习与其他课程的"沟通"。

本课程的理念是"手绘生活，言表情感"。学生在手抄报活动中，提高语文素养，培养审美意识，发展创新思维，发挥个性，锻炼意志。

二、课程目标

1. 通过学习创作手抄报的基本知识，学生能了解手抄报的创作过程。
2. 培养学生的编排能力、写作能力，提高学生绘画和鉴赏水平，让学生初步掌握创作手抄报的基本技能。
3. 培养小组自主合作、探究的意识以及创新能力。

三、课程内容

手抄报的创作过程大致为：定题择文、版面设计、抄写过程、美化过程。首先我们要定题择文，根据本次手抄报的主题，收集相关的资料或者创作，包括文章、诗歌、插图等。接着进行版面设计，根据文章的长短进行排版，并画好格子或格线。接下来进行抄写过程，即文章的书写。手抄报的用纸多半是白色，故宜用碳素墨水书写；字体宜用行书和楷书,少用草书和篆书;字的大小要适中(符合通常的阅读习惯)。最后进行手抄报美化,文章抄写完毕后,即可进行插图、尾花、花边的绘制(不宜先插图后抄写),将整个版面美化。这个过程是手抄报版面出效果的关键环节。

课程内容具体分为以下三个模块。

模块1:手抄报的花边、报头画、插图与尾花设计(4课时)

1. 手抄报的花边画法

有的报头、题头设计可用花边,重要文章可用花边作外框,文章之间也可用花边分隔,有的整个版面上下或左右也可用花边隔开。其中,常用的是直线或波状线等。

2. 手抄报的插图与尾花

插图是根据内容及版面装饰的需要进行设计的图案,好的插图既可以美化版面又可以帮助读者理解文章内容。插图及尾花占的位置不宜太大,易显得空且乱。尾花大多是出于版面美化的需要而设计的,多以花草或几何形图案为主。插图和尾花并不是所有的文章都需要的,也并非多多益善,应有"画龙点睛"之效。

报头画、插图与尾花的表现手法大致可分为线描画法和色块画法两种。这两种画法通常同时使用,可以是多色亦可单色。不管是线描还是色块画法,最好不要只用铅笔去画。此外,版面上的图形或文字不能剪贴。

模块2:手抄报的文字、报头、题头设计与书写(3课时)

认识手抄报中的美术字,欣赏书籍、报刊等实物或图片资料中的文字,这些醒目的、工整的字体都可以称为美术字。

认识手抄报的报头。构图要稳定,画面结构要紧凑,报头在设计与表现手法上力求简练,要反映手抄报的主题,起"一目了然"之效;其字要大,字体或行或楷,或彩色或黑白。其位置有几种设计方案:一是排版设计为两个版面的,应放在右上部;二是排版设计为整版的,则可或正中或左上或右上。一般均设计在版面的上部,不宜放在其下端。

认识手抄报的题头。题头(即题花)一般在文章前端或与文章题图结合在一起。设计题头要注意,应以题目文字为主,字略大,装饰图形须根据文章内容及版面的需要而定。文章标题字要小于报题的文字但大于正文的文字。总之,要注意主次分明。

模块3:手抄报的版面设计(5课时)

版面设计是做好手抄报的重要环节。创作前要明确本期手抄报的主要内容是什么,选用有一定意义的报头(即报名)。一般报头应设计在最醒目的位置。通读所编辑或撰写的文章并计算其字数,根据文章内容及篇幅的长短进行编辑(即排版)。一般重要文章放在显要位置(即头版),要注意长短文章穿插和横排竖排相结合,使版面既工整又生动活泼。排版还须注意:字的排列以横为主以竖为辅,行距要大于字距,篇与篇之间要有空隙,且与纸的四周要有3厘米左右的空边。另外,报面始终要保持干净、整洁。

四、课程实施

创作手抄报是课堂教学的补充和延伸,与课堂教学相比更加具有灵活性和可塑性,因而学生非常喜欢参加。本课程实施之前,教师应安排好课程内容,做好课件,准备好课堂音乐和相关图片视频等,学生需准备彩笔和卡纸等工具。本课程共12课时。具体实施方法如下。

(一)优秀作品欣赏

在每次活动中,向学生展示优秀的手抄报作品,让学生从感官上提高对审美的认识。在小组欣赏中,学生可以从内容、排版、插图、字体等了解优秀作品的范式。

(二)小组合作创作

创意手抄报是一个范围很广的课程,涉及设计、绘画、文字书写、资料收集等内容。如果让一个学生完成,确实有些困难,所以在实施的过程中,利用小组合作的方式进行创作,这样完成的作品会更精美。学生在合作中学会分工、交流、筛选等。

(三)成果品评会

举办手抄报展览品评会,交流、回顾、总结学习成果,可以为学生提供表现自己实力的机会,增强自信心。学生的一些佳作可以在校内、班内展出,以起到示范作用。

此外,提供条件为学生举办联展和个展,努力培养出色的艺术人才。

五、课程评价

(一)过程性评价

在每次教学过程中,根据学生在活动中参与的态度和在活动中的表现,采取互评、小组评价及教师评价等方式,以小组内互评为主,主要评议"活动情况"和"活动成果"两方面。评价内容详见表10-5。

表10-5

第(　　)组　组长:(　　)　组员:(　　　)

分类	评价内容	评价结果		
^	^	☆☆☆	☆☆	☆
活动情况	参与态度	主动积极参加课程实践活动	能参加课程实践活动	能在老师或同学的帮助下完成各课程活动的任务。
^	合作态度	积极地相互支持、配合,并能帮助他人	相互支持、配合	能在小组成员的帮助下进行合作
活动成果	作品	能独立完成作业,作品优美使用	能独立完成作业,内容充实,安排合理	能独立完成作业

(二) 展示性评价

每个单元结束后,将学生的作品进行展示,由教师、学生对作品的设计和制作进行评价。

(三) 赛事性评价

比赛能够有效地提高学生的素质和能力,促进学生更加快速、准确、熟练地掌握技能。比赛每月举办一次,赛后进行总结和交流,对创作好作品的学生加以奖励。这样,更能使学生产生极大的热情,从而更加认真地去学习。

以下是手抄报比赛的评价标准(表10-6)。

表10-6

评价内容	优秀 (20—25)	良好 (15—19)	合格 (10—14)
主题明确,内容健康(25分)			
刊头醒目,排版和谐(25分)			
插图精美,花边美观(25分)			
文章完整,文字工整(25分)			

(撰稿人:吴雯倩)

课程创意 10-4　探索南海神庙

适合对象：五至六年级

一、课程概述

南海神庙位于广州市黄埔区，是我国古代对外海上交通贸易的重要遗址，建于隋开皇十四年（594年），至今已有一千四百多年历史。它是我国古代海神庙中唯一遗存下来的最完整、规模最大的建筑群，也是西汉以来海上丝绸之路发源于广州的重要见证。

本课程设计旨在从以下三方面提高学生的综合素养。

（一）了解历史，培养探究精神

南海神庙是中国最古老的海神庙，历经千年变幻，南海神庙的历史是每一个黄埔学子都需要了解的。

（二）欣赏内涵，接受文学艺术熏陶

南海神庙集我国的宗教、古建筑、书法、雕刻等诸种艺术于一体，具有较高的历史价值与教育价值，非常值得在学校开展专门的课程，引领学生进行探索并进一步提高学生的文学艺术素养。

（三）感受习俗，传扬人文精神

南海神庙又称"波罗庙"，每年农历二月十一到二月十三南海神庙都会举办广州民间传统庙会活动"波罗诞"。作为现代小学生，应亲身感受这些文化习俗，了解并体验身边的风俗活动，并传扬浓厚的人文精神。

本课程的理念是"传承丝路文化，感受创新精神"。在黄埔这片土地上成长的每一位少年儿童，在探索海上丝路文化起源的同时都应该具备积极探索的精神，在探索中接受千百年沉淀下来的文学艺术熏陶，感受并传扬千年文化积累下来的人文习俗。

二、课程目标

1. 学生了解南海神庙的历史，感受南海神庙在中国古代海神庙中的重要地位。

2. 通过探索南海神庙中我国的宗教、古建筑、书法、雕刻等诸种文学艺术,培养学生的探索精神,提高学生文学艺术素养。

3. 学生通过实地考察,感受南海神庙的人文精神,并参加"波罗诞"庆祝仪式,学做传统手工艺品"波罗鸡",传扬中华民族传统优秀文化。

三、课程内容

坐落在黄埔区庙头村的南海神庙有着丰富的历史资源和人文资源。在"探索南海神庙"课程里,我们将这些资源主要分成三个模块进行讲授,一是了解关于南海神庙的历史及发展;二是感受南海神庙中的文学艺术;三是实地考察,了解南海神庙的人文精神,参加"波罗诞",学做"波罗鸡",将传扬中华民族传统优秀文化落到实处。

模块1:历史发展篇(2课时)

从唐代开始,南海神庙便香火日盛,各朝代政府也派人前往管理庙事。事实上,它已成为中国古代四海神庙中地位最高的一个,这主要是由广州海上贸易日益发达的地位决定的。

模块2:文学艺术篇(5课时)

南海神庙修复前大殿仅存殿堂,如今庙宇规模宏大,占地面积达3万平方米。其主体建筑是一座五进的殿堂,由南至北依次为头门、仪门及复廊、礼亭、大殿和昭灵宫。南海神庙门前有石牌坊,额题"海不扬波",庙中保存有历代的许多石刻,还有华表、石狮、韩愈碑亭、开宝碑亭、洪武碑亭、康熙万里彼澄碑亭等附属建筑,构成一组颇具规模的古建筑群。庙中还保存有汉代和明代的铜鼓和制钟,以及南海神玉印等重要的文物,以及木棉树、相思树等古树名木。此外,这里存放的汉代铜鼓是中国现存三大铜鼓之一。

在本模块的学习中,教师将带领学生欣赏浴日亭、"海不扬波"牌坊、头门、唐韩愈碑等十一处极具文学艺术特色的建筑群,在观赏中感受南海神庙独具特色的文学艺术。

模块3:实地考察篇(6课时)

每年农历二月十一到二月十三是广州民间传统的"波罗诞"。其中二月十三"正诞"这天还会举办盛大的庆祝仪式。通过实地考察,学生可以感受到南海神庙的人文精神,参加"波罗诞"庆祝仪式,学做"波罗鸡",传扬中华民族优秀传统文化。

四、课程实施

本课程实施之前应该准备:安排课程内容,做好PPT课件,相关音乐、图片、视频等。本课程共13课时,具体实施方法如下。

(一)视频教学

通过视频了解南海神庙的历史。

(二)讨论教学

按照三个模块的内容,每一个内容设计相关讨论的主题,在小组里展开探究。

模块1讨论问题:通过了解南海神庙的历史及发展,南海神庙在中国古代海神庙中有重要地位,你同意吗?说说你的理由。

模块2讨论问题:南海神庙中有十一处极具文学艺术特色的建筑群,你最喜欢哪一个?说说你的理由。

模块3讨论问题:在"波罗诞"中,你感受到了黄埔人的什么精神?有哪些优秀的传统文化?

(三)探究教学

1. 家长带领学生实地参加"波罗诞"庙会后,学生学做"波罗鸡",课堂上制作并展示。

2. 以班级小组为单位,开展南海神庙实地探究活动。家长与学生一同前往目的地,带着探索的精神,接受南海神庙中文学艺术、人文精神的熏陶。

五、课程评价

(一)赛事性评价

根据三个模块的内容学习,开展"听我说南海神庙"的故事演讲比赛。比赛之后进行总结和交流,对完整度高的学生加以奖励。通过讲故事,学生了解南海神庙的历史,感受南海神庙的历史价值和人文精神。评分标准如表10-7所示。

表 10-7 "听我说南海神庙"故事演讲比赛评分标准

序号：　　　演讲人：　　　总分：　　　（满分 10 分）

项目	满分	评分标准	得分
语言能力及应用	4	A. 语音语调标准，语言流畅，语言功底较强。（4 分） B. 发音有个别错误，语言不太流畅。（2—3 分） C. 整体语言表达能力一般。（1—2 分）	
演讲内容	4	A. 内容有逻辑、有思想、有感染力，层次分明，引人入胜。（4 分） B. 思想性较弱，逻辑性不强，缺乏表现力度和深度。（2—3 分） C. 整体内容空洞，缺乏条理，逻辑性不强。（1—2 分）	
整体形象	2	A. 举止大方得体，自信，情绪饱满，有感情与气势。（2 分） B. 整体形象欠佳。（0.5—1.5 分）	

（二）展示性评价

结合课程内容，学生学习传统手工艺品"波罗鸡"的制作方法，在课堂上通过小组合作的形式展示自制的"波罗鸡"。

（三）探宝式评价

在课程的最后阶段，教师带领学生进行探宝式的实地考察闯关活动。闯关成功者可获得相应奖励。

第一关："对对碰"。教师与学生共同前往南海神庙实地考察，学生从实地考察中寻找课堂学习过的内容，并拍摄下来，在指定地点与老师手上的资料图片进行比对，配对成功者可进入下一关。

第二关："档案小能手"。制作南海神庙小档案。

第三关："给你点个赞"。学生把"打卡"照片连同制作的小档案文案制成美篇，发布到班级 QQ 群、微信群，收集 20 个校友点赞。

（撰稿人：梁梓君）

课程创意 10-5　走进黄埔军校

适合对象：五年级

一、课程概述

《中小学综合实践活动课程指导纲要》由教育部于2017年9月以教材〔2017〕4号文发布。综合实践活动是一门培养学生综合素质的跨学科实践性课程。小学阶段具体目标指出，"通过亲历、参与少先队活动、场馆活动和主题教育活动，参观爱国主义教育基地等，获得有积极意义的价值体验，培养对中国共产党的朴素感情，为自己是中国人感到自豪"。2017年我校确定了新的培养目标：把学生培养成为具有黄埔精神、家国情怀、国际视野的怡美少年。我们设计这个课程的目的就是要充分利用黄埔的人文历史、文化资源进行爱国主义教育。我们应该具有"爱国、责任、担当、开拓、创新"的新黄埔精神。

黄埔军校，全名为中华民国陆军军官学校，是近代中国最著名的一所军事学校，培养了许多在抗日战争和国共内战中闻名的指挥官。黄埔军校是孙中山先生在中国共产党和苏联的积极支持和帮助下创办的，是第一次国共合作的产物，为中国革命培养了大批军事政治人才。广大黄埔师生在反帝反封建、争取国家统一与民族独立的斗争中立下了赫赫战功，为中国革命做出了重大贡献。

本课程的理念是"传承黄埔精神，培养爱国情怀"。学生在军校里感受将士官兵的爱国情怀、尚武精神及兼容并包、团结合作的精神。本课程旨在让在黄埔这片土地上成长的每一位少年儿童拥有爱国之心、强健的体魄、合作包容的情怀。

二、课程目标

1. 通过了解黄埔军校的建校历史，学生能知道几个重要的历史事件，感受黄埔军校在中国现代历史的重要地位。

2. 通过了解黄埔军校中几位很有代表性人物的事迹，学生能学习他们身上的抛头颅、洒热血、舍身救国、有责任、有担当的爱国精神。

3. 通过实地考察,学生感受黄埔军校和军人的风采,培养其为国家富强而自强不息、开拓创新的奋斗精神。

三、课程内容

在"走进黄埔军校"课程里,我们主要分成三个模块进行教学:一是关于黄埔军校的历史事件,二是黄埔军校里的重要人物,三是实地考察,了解一百多年前军校人的生活和学习情况,弘扬爱国主义精神。

模块1:历史事件篇(2课时)

通过历史事件的真实再现,学生了解革命者为了民族的安危,为了国家富强抛头颅、洒热血的英勇壮举。主要事件有:(1)创办黄埔军校,本课时内容包括①创办军校的国内国外历史背景、②军校的选址、③创办军校的过程、④创办军校的意义;(2)第一次东征及棉湖战役,本课时内容包括①第一次东征的历史背景、②第一次东征的经过、③棉湖战役、④历史意义。

模块2:重要人物篇(5课时)

从黄埔军校走出来的很多名人都是有所作为的,他们在近代历史舞台上扮演者举足轻重的角色。学生能从这些人物身上学习到爱国主义精神,感受他们的人格魅力,激发爱国情怀。介绍的人物主要有:孙中山(黄埔军校创立者),蒋介石(黄埔军校校长),周恩来(黄埔军校政治部主任),赵一曼(黄埔军校武汉分校第六期唯一的女军官),蔡光举(黄埔军校牺牲第一人),蒋先云(被誉为"黄埔奇才")。

此外,中华人民共和国开国十大元帅中,有五名出自黄埔军校,他们分别是教官叶剑英、聂荣臻、陈毅(武汉分校教官),以及学生徐向前(第一期)、林彪(第四期)。

模块3:实地考察篇(6课时)

黄埔军校是第一次国共合作时期,由孙中山于1924年创办的,也是世界历史上四大军校之一。军校在长洲岛共办了7期,1930年迁往南京,后又迁往成都和台湾地区。现有军校正门、校本部、孙总理纪念碑、中山故居、俱乐部、游泳池、东征烈士墓、北伐纪念碑、济深公园、教思亭等十几处建筑。学生通过实地考察,了解前面课程中介绍的军校生活,通过纪念馆中的简介,感受军校著名人物的人格魅力。参观过程要求学生聆听讲解、适当笔记、拍照纪念、撰写参观日记和感受、交流互动。

四、课程实施

本课程实施之前需准备:安排课程内容,做好PPT课件、相关音乐、图片、视频等。本课程共13课时,具体实施方法如下。

(一) 视频教学法

学生通过收看视频,了解黄埔军校的历史。具体视频参看中央电视台录制的12集历史文献纪录片《黄埔军校》。每次播放,可以有选择地截取视频片段。

(二) 讨论教学法

按照三个模块的内容,每一个内容设计相应讨论的主题,在小组里展开探究。例如:黄埔精神具体体现在哪里?你从哪里看出爱国志士们的拳拳赤子之心?我们要学习这个历史人物的什么精神?到黄埔军校实地考察后,你的感想是什么?有什么收获?

(三) 实地探究教学法

以班级小组为单位,开展黄埔军校实地探究活动。家长一同前往探究的目的地,接受爱国主义教育的熏陶。

(四) 讲座教学法

聘请黄埔军校的讲解员到学校课堂中给大家讲解军校历史,介绍军校重要人物,让课程更有说服力。

五、课程评价

本课程的评价要注重过程中的体验,提供引导学生对自己在课堂中的表现进行自我反思性评价,增强学生的学习自信心,提高学习兴趣,激发学习的动力,促进语言表达能力的发展。

(一) 赛事性评价——讲故事评选活动

根据三个模块的内容学习,开展"我讲黄埔军校故事"的比赛。学生通过讲故事,了解黄埔军校的历史和人物,能够讲一个完整的故事情节或者人物介绍,从而感受黄埔军校的精神。以下是评分标准(表10-8)。

表 10-8

评分内容	具体要求	得分
主题资料(30分)	资料紧扣主题,主题鲜明、深刻,格调积极向上,语言自然流畅,富有真情实感。	
语言表达(30分)	要求脱稿,声音响亮,普通话标准,语速适当,表达流畅,激情昂扬;讲究技巧,动作恰当。	
形象风度(20分)	要求衣着整洁,仪态端庄大方,举止自然、得体,体现朝气蓬勃的精神风貌;上下场致意,答谢。	
现场感染(10分)	有较强的现场感染力,能引起评委的共鸣。	
整体效果(10分)	评委根据演讲选手临场表现做出综合演讲素质评价。	
总分		

(二) 展示性评价——学习唱军校校歌

学生聆听军校的校歌,并学会演唱,以小组小合唱的形式进行展示。以下是评分标准(表 10-9)。

表 10-9

评分内容	具体要求	得分
精神面貌(50分)	演唱时精神饱满,表情自然大方,保持良好台风。	
语音表达(50分)	吐字清晰,节奏准确,整体效果良好,富有感染力。	
总分		

(三) 点赞性评价——实地考察感想

学生撰写考察感想和心得,并把感想和心得连同考察的照片通过父母或者自己的微信发布到朋友圈,收集20个亲友点赞,截图发给老师。

(撰稿人:陈素彬)

后　记

等闲识得东风面，万紫千红总是春。在这个东风拂面、春暖花开的阳春三月，《参与性变革：指向学习素养的课程开发》书稿终于完成了。

欣喜地翻阅着老师们一个个的课程纲要，思绪回到了20多年前。在20世纪90年代，我们怡园小学就已经非常注重校本课程的开发，注重培养学生素质的全面发展。那时我们就开设了第二课堂，老师们叫它"兴趣课"，那时我们的学生就已经开始了"走班"上课。老师们根据自己的专业或者兴趣爱好开设课程。例如，语文老师开设写字课、手抄报课；数学老师开设思维训练课、魔方课……当然也有语文老师开设乒乓球课，数学老师开设插花艺术课的。课程种类繁多，林林总总。那时没有"超市"这个词，其实那时怡园小学的校本课程就宛如一个"课程超市"，任君选择。只不过那些课程是零散的，不成体系的。

时光飞逝，学校建校已经30多年了，在依法依规开设国家课程的同时，我们的第二课堂也依然在地方课程中坚持开设。2017年，在袁超校长的带领下，在上海市教育科学研究院杨四耕教授的指导下，我们开展了系统的品质课程研究。第二课堂课程归属于拓展性的课程，它与学校基础课程形成了一个同心圆结构，为学生核心素养的发展和个性化成长的需求提供了平台。

此时的拓展性课程与那时的第二课堂课程相比，除了有量的增加外，更有了质的飞跃。我们在怡美课程哲学的指导下，各课程围绕"健康园、品行园、才智园、审美园、乐享园"五个板块，形成了"成美品德、醇美语文、智美数学、卓美英语、韵美音乐、悦美美术、健美体育、创美科学、探美信息、行美实践"十个学科课程群。每一门课程都制定了严谨的课程目标，丰富的课程内容，具体的课程实施方法和多元的评价过程，比起之前零碎的、无目的的兴趣课，有着翻天覆地的变化。

这本书是我校一百多位老师集体智慧的成果，从初稿形成到最后定稿，无数次的修改、推翻、重来，花费了大量的时间，也是老师们一次次实践的经验总结。我们看到了大家在品质课程研讨路上的每一个脚印，深深浅浅，串成了成长的足迹。再次感谢杨教授的悉心指导，无论是每次到校逐字逐句修改，还是新冠疫情期间线上的讲座，都让我们受益匪浅。

这本书还有许多不足之处，我们将会在今后的实践中不断地修改完善。在这个明媚的春天，我们不但看到万紫千红的校园，更看到"怡园人"奋发进取的研究精神，看到了丰富多彩的课程在校园里呈现，一片生机盎然……

广州市黄埔区怡园小学副校长　陈素彬

2023 年 10 月

"品质课程"阅读书目

学校整体课程规划
学校整体课程规划的七个关键
教学诠释学

特色学校聚焦丛书

让个性自然发荣滋长:"引发教育"的理论寻源与实践探索
面向每一个生命的教育
让每一个生命澄澈明亮:"小水滴"课程的旨趣与创意
新劳动教育:时代意蕴与实践创新
自信教育与个性生长
好学校的精神特质

跨学科课程丛书

像博士一样探究:PHD课程的创意与探索

核心素养导向的课堂教学丛书

深度教学的内在维度:数学反思性学习的六个策略
具身学习的18种实践范式
课堂是照亮彼此的地方
以学习为中心的课堂范型
简练语文:教学主张与实践智慧
课堂核心素养

特色课程建设丛书

幼儿园特色课程的框架与实施
课程是鲜活的:"大视野课程"的旨趣与活性
指向核心素养培育的学校课程图谱
让儿童生活在美的世界里：幼儿园全景美育的课程探索
核心素养与学习需求:学校课程建设导引
儿童自然探索课程

课堂教学新样态丛书

课堂，与美最近的距离：基于学科核心素养的课堂教学变革
协同教学：意蕴与智慧
决胜课堂 28 招
一百个孩子，一百个世界：基于差异的教学变革
课堂如诗："雅美课堂"的姿态
在教室里眺望世界：基于 BYOD 的教学方式变革
课堂教学的资源设计与方式变革
境脉教学的实践范式与创意设计
任务驱动与学科实践
课堂教学的智慧属性与意义增值："灵动课堂"的六个关键词

学校课程变革新取向丛书

平衡性变革：学校课程建设新取向
解构性变革：学校课程发展的突破口
赋权性变革：提升学科领导力
整合性变革：特色学科的内在生长
内生性变革：学科课程的生成机理
审美性变革：学校课程的诗意境界
协商性变革：基于集体审议的课程变革
扎根性变革：学校课程发展的文化路径
参与性变革：指向学习素养的课程开发

学校整体课程探索丛书

学校整体课程的文化逻辑
学校整体课程的深度实施
学校整体课程的系统设计

课程治理新范式丛书

以学生为中心的教育治理
实践型学科课程设计与实施